박용환

마그레브의 색과 빛

푸른사상
PRUNSASANG

마그레브의 색과 빛

여행을 시작하며

영화 〈카사블랑카〉의, 짙은 안개 낀 밤, 가스등 아래 남녀가 이별하는 한 장면을 떠올리며 프랑스 식민지 시대의 모로코를 상상해보는 정도가 여행을 떠나기 전 내가 알고 있던 모로코의 전부였다.

알제리 역시, 알제에서 700킬로미터나 떨어진 가르다이아까지 갈 수밖에 없었던 것은, 어느 잡지의 표지에 실렸던 사진 한 장 때문이었다. 그리고 튀니지는 이슬람 국가 중에서도 가장 개방적이며 히잡을 쓰고 다니는 여성을 거의 볼 수가 없을 정도라는 사실이 역시 내가 여행을 떠나기 전에 알고 있었던 전부였다.

이렇게 마그레브 3국에 대하여 거의 문외한이었던 내가 이 나라들에 특별한 관심을 갖게 되었던 것은 오래전 우연히 지중해에 면한 유럽의 여러 나라를 여행하면서 생긴 하나의 의문 때문이었다. 여행자의 눈에 비치는 지중해는 온화하고 평화스러운 바다일지도

모르지만, 자세히 들여다보면 그 바다는 고대에서 근대에 이르기까지 수천 년 동안 쉼 없이 이어온 침략과 전쟁의 무대이기도 했다.

따라서 역사를 공유하는 바탕에는 서로 다른 문화의 이식, 또는 충돌의 과정을 겪어왔던 것이 사실이며, 나아가서 그것으로 인한 문화적 갈등, 또는 동화는 지금도 지속되고 있는지도 모른다. 이상과 같은 관점에서, 유럽의 이슬람 건축, 무슬림의 마을, 사원과 성당 등의 이슬람 문화가 어떤 갈등, 또는 동화의 과정 속에서 지속되고 있는 것일까, 혹은 변용되고 있는 것일까 하는 의문이 자연스럽게 떠올랐다.

그래서 마그레브 3국의 이슬람 문화권으로 여행을 떠났다.

차례

■ 여행을 시작하며

모로코, 열정의 색을 보다

튀니지, 흑진주를 찾아

알제리의 음자브 계곡을 가다

■ 여행을 마치며

MOROCCO

모로코, 열정의 색을 보다

　모로코의 국토는 한반도 면적의 대략 3.2배에 달하며 인구는 한국보다 약간 적은 편인데 주민의 거의 대부분이 아랍인이거나 베르베르인들이며 반입헌군주제를 채택한 이슬람교의 수니파 무슬림의 나라다.

　지리적으로 보면 유럽과 아프리카 사이 폭 13킬로미터의 지브롤터(Gibralter) 해협을 끼고 있어 지중해와 대서양을 잇는 교통의 요충지이며 오래전부터 유럽 대륙과 아프리카 대륙 사이의 어업, 무역, 인적 교류 등이 활발했고 역사적으로도 깊은 관계를 맺고 있다.

　또한, 해발고도 평균 800미터 이상의 산악국으로 북동쪽에서 서남쪽으로 해발 4,000미터의 아틀라스 산맥이 길게 뻗어 있고, 남쪽으로는 사하라 사막이 알제리 국경에서부터 대서양까지 이어지고 있다.

　참고로 모로코는 이슬람 국가이면서도 다른 이슬람 국가와는 달리 상당히 개방적이며 유럽 지향적인 성향이 강하여, 라마단 등 종교적인 축제 기간을 제외하면 음주가 가능하고 특히 차도르를 착용한 여성을 좀처럼 보기 어렵다.

모로코로 향하며

　모로코는 유럽과 가까워 아프리카 중에서도 가장 유럽적인 색채를 띠면서 아프리카 고유의 강렬한 색채와 이슬람 문명이 공존하며, 차도르 차림의 여성을 보기 힘들 정도로 개방적인 나라다. 긴 대서양 연안, 남부의 사막지대, 아틀라스 산맥, 넓은 초원의 평야 등 무한한 자연의 변화 속에 살아가는 사람들이 이어온 천년의 역사와 문화, 도시와 마을은 우리들에게 진정한 여행의 즐거움과 의미를 느끼게 한다.

　현재, 북아프리카 마그레브(Magreb) 3국 — 모로코, 알제리, 튀니지 — 은 사회 정치적으로 어떠한 공통점을 찾기는 힘들 만큼 현대사회 이후 각 나라가 택한 사상과 이념은 서로 다르다. 하지만, 고대 페니키아, 로마, 비잔틴 등의 역사를 비롯하여 19세기에 이르기까지 서로 역사와 문화를 공유하고 있을 뿐만 아니라, 지형과 종교적인 관점에서 보면, 이슬람 문명권의 서쪽 지역인 지중해에 면하고, 동시에 사막의 가장자리에 있는 나라들이다.

　그리고 더욱더 중요한 특성은, 마그레브 지역의 역사와 문화에 유럽의 그것과 서로 공유하고 있는 부분이 적지 않다는 점이다. 긴 역사를 통하여 대륙 간에, 혹은 지역과 지역 사이에 서로 다른 문화가 이식되거나 동화된 과정을 이해하는 일은 이번 모로코 여행에서 얻을 수 있는 가장 귀중한 성과가 아닐까, 하는 생각이 든다.

모로코는 오랜 역사를 지니고 있는 나라다. 고고학적으로 정확한 연대를 알 수는 없지만, 기원전 수천 년 전부터 인간이 살고 있었으며, 그들이 현재 베르베르족이라고 부르는 사람들의 조상이다.

기원전 2세기 카르타고의 멸망 이후 로마제국은 베르베르족의 왕을 세워 이 지역을 식민지로 지배했으며 여러 도시를 건설했다. 서기 680년 이슬람교도들이 세우타(Ceuta)를 점령하면서 모로코의 이슬람화가 전개되었으며, 788년 물레이 이드리스(Moulay Idriss)에 의하여 모로코 최초의 통일왕조가 탄생했다.

물레이 이드리스 시대에 건설된 도시 페즈(Fez)는 스페인과 아프리카 북부를 잇는 중요한 교역지로 발달했으나 이드리스 왕조의 멸망 이후 베르베르족이 알모라비드 왕조(Al Moravids, 1062~1145)를 세우고 마라케시(Marrakech)를 수도로 삼았다. 알모라비드 왕조는 기독교도로부터 스페인 발렌시아 지역을 재탈환하고 세네갈, 알제리, 모리타니, 튀니지, 리비아를 포함하는 대제국을 건설했다. 그 후 모하드 왕조(Al Mohads, 1145~1248)는 라바트를 수도로 정했으나, 1212년 스페인의 톨로사(Tolosa) 전투에서 패배하여 그라나다를 제외한 스페인 영토 대부분을 기독교 세력에게 잃었다. 그리고 1492년 이슬람의 마지막 거점이었던 그라나다는 스페인에 의해 무혈 함락되었다.

계속되는 혼란 속에 두 번째 아랍 왕조 사디(Saadians, 1554~1665) 왕조가 수립되었다. 사디 왕조의 아흐마드 엘 만수르(Ahmed El-Mansour) 왕은 유럽 북부의 신교 세력과 연합하여 스페인의 구교 세력을 정치 군사적으로 압박하고 네덜란드 및 영국과의 통상을 장려했다. 그러나 그의 사망 후 세

왕자 간의 내전으로 왕국은 마라케시, 메크네스, 라바트 세 지역으로 분열되었다. 그 후 알라우트(Alaouite) 왕조는 사디 왕조와 마찬가지로 종교적 지도력 확립을 통해 정치적 영향력을 확대해 나갔다. 물레이 이스마일(Moulay Ismail, 1672~1727) 국왕은 메크네스로 천도하고 남부지역 출신들로 구성된 강력한 친위대를 중심으로 왕국을 재통일하였다.

제국주의 시대, 유럽 열강은 아프리카 진출을 위한 교두보로서 모로코를 침공하기 시작했는데 1830년 프랑스가 알제리를, 스페인은 모로코 대서양 연안의 항구 시디 이프니(Sidi Ifni)를 점령했다. 그 후 모로코는 유럽 강국들에 의해 분할 강점되었다. 11세기 한때 통합되었던 마그레브 지역은 결국 각각 분리되어 모로코는 1912년, 튀니지는 1820년, 알제리는 1830년에 각각 프랑스의 식민통치를 받게 되었다.

그러나 1930년 라바트와 페즈에 거주하는 프랑스 교육을 받은 모로코의 엘리트들을 중심으로 이슬람을 배경으로 한 민족주의 운동이 태동했다. 1927년 즉위한 무함마드 5세(Mohamed V) 국왕은 모로코의 독립을 추구하다가 1953년 프랑스 식민 당국에 의해 강제로 망명하게 되었다. 그는 1955년 망명지에서 모로코의 독립을 일방적으로 선언했다.

모로코는 1956년 UN에 가입하였으며, 1961년 이후, 행정수도인 라바트와 상업 중심지인 카사블랑카를 중심으로 국가 근대화를 추진하는 한편 분할되었던 국토를 되찾고, 1999년 7월 무함마드 6세(Sidi Mohamed VI)가 국왕으로 즉위하여 현재에 이른다.

카사블랑카에서 에사우이라로 가는 길

카사블랑카 공항을 빠져나오자 시계는 새벽 2시를 지나고 있었다. 20시간이 넘는 긴 여정으로 피로와 긴장감이 몰려왔다.

불빛 하나 없는 칠흑 같은 밤, 머신이 내뱉는 괴성이 밤공기를 가르며 사방으로 울려 퍼져나가고, 오로지 GPS가 가리키는 방향을 주시하며 에사우이라로 향했다.

벌써 한 시간 넘게 달렸는데도 차창 밖은 아무것도 보이지 않았고, 하물며 도로 표지판이나 이정표조차 찾아볼 수가 없었다.

그렇게 몇 시간째 달렸다.

왠지 모를 불안한 느낌이 들고, 이번 여행이 힘들어지겠다는 예감마저 떠올랐다. 예정대로였다면, 어제 이 시간에 이 길을 달렸어야 했는데 — 하는 아쉬움 때문이었다.

인천공항에서 두 시간 반 늦게 이륙한 비행기가 프랑크푸르트에서의 환승 시간을 놓치는 바람에 결국 만 하루 늦게 카사블랑카에 도착한 것이 발단이었다. 그래서 그 시간을 만회하고 일정을 지키기 위해서는 밤길을 부지런히 달려야만 했다.

차창 밖으로 여명이 서서히 밝아오는 듯, 스치며 지나가는 풍경이 어느 시골의 풍경처럼 정겨운 느낌이 들었다. 새벽안개가 짙게 깔려 있는 마을과 길 옆으로 무성한 올리브나무들, 리어커를 끌고 어디론가 걸어가고 있는 노인의 모습이 빠르게 지나갔다. 그렇게 날이 훤히 밝아오자, 나도 모르는 사이에 한꺼번에 피로가 몰려오는 듯 잠이 쏟아지려 했다.

몸이 심하게 한쪽으로 쏠리는 순간 번쩍 정신을 차렸다. 차는 이름 모를 산모퉁이를 돌아 내리막길로 들어서고 있었다. 드디어 멀리 바다가 — 대서양이 끝없이 펼쳐지고 해안선 따라 하얀 페인트를 부은 듯, 에사우이라의 전경이 한눈에 들어왔다.

이제 막, 아침 햇살의 부드럽고 맑은 빛으로 도시는 다시 깨어나고 있었다.

우리는 어느 모퉁이의 빈터에 차를 세웠다.

차에서 내려 기지개를 켜고, 싸늘한 아침 공기를 가슴 깊이 들이마시며, 저 멀리 대서양을 배경으로 삼은 도시를 바라보며 이곳이 아프리카 대륙이라는 것을 머릿속에 되새겼다. 자료에 의하면, 거센 바닷바람을 막을 수 있는 지형적 특징 때문에 선박들의 피난처나 정박지로 중요한 역할을 하였다고 한다. 특히 대항해 시대 이전까지는 해적들의 소굴이었으나 점차 대서양의 보급항으로 번창하였다고 한다.

다시 차를 달려 예약해둔 호텔에 도착한 후 곧바로 체크인했다.

항구의 아침

호텔은 해변 모래사장을 앞마당처럼 두고, 메디나(Medina)의 입구와 성벽을 바로 곁에 두고 있어서 길을 물을 필요가 없고 걸어 다니기에 가까워 편리할 것 같았다. 체크인은 했지만, 체크아웃까지 몇 시간 남아 있지 않았다.

우선 샤워를 하고 아침을 먹었다. 그리고 해변으로 나갔다. 긴 말굽 모양을 한 해안선을 따라 하얀 모래사장은 마치 양팔을 벌려 대서양을 품은 듯하고, 푸른 하늘과 맞닿은 수평선이 시야를 꽉 채웠다.

나는 나도 모르게 발걸음을 옮기며 모래사장을 걸었다. 바람은 파도가 부서지는 소리와 바다 냄새를 가득히 담고 시원하게 불어왔다. 그렇게 잠시 해변을 계속 걸어갔다. 그러자 이번에는 하얀 집들이 해변을 따라 병풍처럼 둘러서서 모래사장과 바다를 감싸고 있는 듯한 풍경이 보였다. 여기가 아프리카라고는 도저히 믿겨지지 않았다.

아침에는 그렇게 상쾌했던 공기가 서서히 열기를 품고, 맑은 하늘에서 내리쬐는 햇볕으로 땀이 났다. 이제 돌아가야겠다 싶어 발길을 돌리는데, 해변의 오른편 끝에 방파제가 있고, 그 부근에 어항이 있는 듯, 크고 작은 배들이 정박되어 있었다. 그런데 유독 어느 한 곳에 사람들이 빽빽이 모여 있는 광경이 보였다. 나는 빠른 걸음으로 어항이 있어 보이는 곳으로 걸어갔다.

어항 가까이 가자 새파랗게 페인트칠을 한 조그만 보트들이 따로 한곳에 ─ 아마

수십 척은 될 것 같았는데 — 가지런하게 줄지어 떠 있었는데, 푸른 하늘과 보트의 파란색 그림자까지 물에 비친 광경은 그림처럼 아름다워 걸어가면서도 몇 번인가 뒤돌아보곤 했다.

조금 더 앞으로 걸어가자, 생선 비린내가 코끝에 확 끼쳐왔다. 큰 소리로 호객하는 생선장수들의 목소리와 질퍽한 길바닥을 요리조리 피해 사람들이 모여 있는 곳으로 걸어갔다.

이제 막 입항한 듯 어선의 갑판에서는 가득히 쌓여 있는 정어리를 나무 상자에 담아 어디론가 옮기고 있었는데, 아직 살아서 팔딱거리는 정어리의 은빛 비늘이 눈부시게 반짝거렸다. 그 광경을 보고 있자니 저절로 군침이 도는 것만 같았다. 우리는 약속이나 한 듯, 생선을 팔고 있는 노점에서 몇 가지 큰 소라와 생선을 샀다. 그리고 그것을 부둣가의 어느 한적한 곳에 있는 볼품없는 조그만 가게로 들고 갔다.

비릿한 생선 냄새가 가득 떠돌고 건물 안팎이 까맣게 그슬린 이 가게는 손님들이 가져오는 생선을 그 자리에서 구워주는 곳이라고 아까 생선 팔던 노점 주인이 가르쳐준 곳이었다. 들고 온 생선을 내밀자 아무 말 없이 받아준다.

우리는 집 밖의 파라솔이 펼쳐져 있는 탁자 주위에 둘러앉았다. 의자에 앉자, 멀리 조금 전 걸었던 모래사장이 하얀 띠를 두른 것처럼 보이고, 그 뒤로 하얀 에사우이라의 시가지가 한층 빛나는 것 같아 보였다.

바닷바람이 시원하게 불어오고 온몸이 스르르 녹는 듯 노곤해지는 기분이 들고, 그리고 여행의 자유로움이 가슴에 밀려왔다.

가게 안에서는 시야를 가릴 만큼 뿌연 연기가 피어올랐다. 동시에, 코끝으로 생선이 익어가는 냄새가 스치고, 갈매기가 우리들 주변에 모여들기 시작했다. 우리는 맛있게 익은 생선 접시를 탁자에 올려놓고 여행에 대한 기대감과 설렘으로 많은 얘기를 나누며 맛있게 먹었다.

03

    북아프리카의 어느 메디나보다 짧은 역사의 이 도시는 1757~1790년에 외부 세계에 개방되었다. 대서양 연안 항구로서 중요한 상업의 중심지로 육성되어 18세기 말과 19세기에는 아프리카와 유럽 사이의 대서양 교역의 중심지가 되었다고 한다.

    이상과 같은 에사우이라의 메디나는 실제 보방 형식(Vauban model)에 영향을 받은 프랑스 건축가에 의하여 계획되었는데 비교적 유럽의 도시 분위기가 짙다. 두텁고 견고한 성벽으로 둘러싸여 요새화된 도시의 탁월한 사례로서, 아프리카의 풍토와 환경을 바탕으로 당시 유럽의 축성 원리에 따라 건축되어 아랍과 이슬람의 건축과 도시계획이 조화를 이루고 있다.

에사우이라의 메디나

에사우이라의 메디나는 여태 내가 가보았던 곳과는 기본적으로 달랐다.

먼저, 주 출입구에 들어서면 높은 벽(성벽은 대부분 메디나 전체를 요새화하기 위한 공통적인 방법이지만)으로 둘러싸인 넓고 웅장한 전이공간이 나타나고, 여기서부터 동선이 나누어지는데, 주 출입구는 공간적으로 독립된 느낌을 받는다. 그리고 사방으로 연결된 도로는 넓고 직선적이며, 메디나 내부의 각 지역은 그 용도에 따라 구획별로 명확하게 나누어진다.

이상과 같은 특징은, 흔히 다른 곳의 메디나에서 일반적이며 공통적으로 볼 수 있는 내부의 공간적 구성이나 형태가 방어적이며 미로처럼 좁고 어두운 점과는 전연 다른 모습이었다.

현재 19세기 말에 건축된 건물이 많이 보존되어 있는데. 이러한 건물들은 프랑스를 비롯한 유럽의 기술자들에 의하여 건축된 것으로 군사적으로 요새화하기 위한 것이었는데 2001년 유네스코 세계문화유산으로 등재되었다고 한다.

고고학자들은 선사시대부터 이곳에 사람이 살았다고 추정하고 있다. 기원전 5세기 이전부터 이미 항구로서 역할을 하고 있었다고 한다. 지형상 거센 바닷바람을 막을 수 있는 유리한 위치 때문에 예전부터 선박들의 피난처나 정박지로 이용되었다고 한다.

지금도 바다에 맞닿아 있어서 주변의 너울과 습기에도 불구하고 메디나의 성벽은 물론 그 내부의 도시 구조는 대체적으로 원형을 유지하고 있었다.

리어카의 노점상들이나 호객꾼들이 시끄럽게 손님을 불러대는 메디나의 이곳저곳을 우리는 빠른 걸음으로 돌아다녔다. 희귀하게 생긴 이국적인 물건이며, 갖가지 종류의 과일과 채소 등 구경거리가 많았다.

꼭박 하루가 늦어진 일정 때문에 에사우이라에서의 짧은 시간을 뒤로하고 아쉬움을 안은 채, 다음 목적지인 마라케시를 향하여 떠났다.

한산한 길 양측으로 아르간 오일의 산지답게 농장의 간판이 자주 눈에 띄었다. 도로변에는 구획 정리가 끝난 농경지에 각종 채소가 자라고, 올리브나 오렌지 등의 과수원들이 보였다. 우리들은 한낮의 뜨거운 햇살을 받으며 한참 동안 조용한 시골마을을 달렸다. 그리고 얼마 지나지 않아 신흥 개발지와 같은 상가, 아파트나 빌라 같은 건물들이 보이더니 날이 저물기 시작할 때쯤 고도 마라케시에 도착했다.

이 도시는 흙의 색깔, 도시를 둘러싼 성벽, 우뚝 솟은 모스크, 다닥다닥 붙은 집들까지도 모두가 붉은색을 띠고 있어 일명, 붉은 도시라고 불린다. 모로코에서 페즈(Fez) 다음으로 오랜 역사를 지닌 곳인데, 11세기 베르베르인의 알모라비데(Almorabides) 왕조 시대의 수도로 건설되었고, 특히 16세기 사디(Saadis) 왕조의 수도로서 번성하였다. 그리하여 현재까지 중세 도시의 모습을 간직하고 있는 뛰어난 아랍 건축물들과 모로코인들의 열정을 가장 잘 느낄 수 있는 곳으로 모로코 관광의 중심이기도 하다. 만년설에 덮여 있는 아틀라스 산맥의 북측 가까이 표고 500미터 이상의 반사막 평원에 자리 잡고 있는 이 도시는 라바트, 메크네스, 페즈에 이어 모로코 왕국 4대 수도 가운데 하나이자 현재 인구 약 100만으로 풍요로운 농업지대의 중심지이자 관광과 경제의 핵심 도시로 떠오르고 있다.

다시 찾은 마라케시

호텔 체크인을 마치고, 우리는 곧장 시내버스를 타고 제마 엘 프나(Djemaa el Fna) 광장으로 갔다. 버스에서 내리는 순간, 10여 년 전 내 기억 속에 남아 있던 모습과는 너무나 달라진 광경이 내 앞에 펼쳐졌다. 지난 기억을 되살려서 높은 쿠투비아 사원의 첨탑을 찾으면 쉽게 엘 프나 광장을 찾을 수 있으리라고만 여겼다. 하지만 거리를 메운 자동차의 불빛, 보도에 가득한 사람들의 물결과 노점상과 주변 상가들의 불빛으로 주변을 분간할 수가 없었다. 어쩔 수 없이 사람들이 몰려가는 방향으로 따라갔다. 불빛 아래 수많은 사람들이 좁은 탁자를 사이에 두고 무엇인가를 먹고 있었는데, 그 냄새와 연기가 광장을 덮을 듯 자욱했다.

곳곳마다 군중들이 광장을 꽉 메우고 있었다. 메디나의 심장 또는 축제의 광장으로 불리는 제마 엘 프나 광장은 이미 먹자판으로 변해버린 것 같았고, 소란스럽기만 했다. 나는 오히려 피곤함만 더해지는 것 같아 발걸음을 돌렸다. 광장이 언젠가 야시장으로 변하겠다는 생각이 들었는데, 한편으로 실망스럽기만 했다.

다음 날 오전, 나는 광장 주변의 건물들과 메디나를 보기 위해 다시 광장을 찾았다. 예상한 대로 수은등을 켜고 음식을 파는 천막이 광장의 상당 부분을 차지하고 있어서 넓었던 옛날의 모습을 볼 수는 없었다. 그저 거리 연극, 곡예사, 뱀을 부리는 사람, 각종 악기 소리, 괴상하게 분장을 한 사람, 기념품을 파는 잡상인들이 옛 광장의 한 모습을 떠올리게 해주었다.

메디나의 이슬람 건축

마라케시의 메디나(Medina of Marrakesh, 1985년 유네스코 문화유산 지정)는 1062년 알모라비드(Almoravid) 왕조를 일으킨 유세프 이븐 타시핀에 의해 건설되었고, 도시 건설은 그의 아들 알리에게 계승되어 그 규모가 결정되었다. 지금 메디나는 시가의 동쪽 성벽으로 둘러싸인 곳에 위치하고 있는데, 마라케시의 역사를 말해주는 건축, 유물 등이 대개 이 안에 있고, 서민의 주거 역시 오랜 세월을 거친 것이 많다. 이 고대 주거지는 미로 같은 도로와 주택, 시장, 전통적인 숙박시설, 전통 수공예품, 교역 활동 등을 위한 공간이 구획되어 있으며, 메디나의 총 면적은 700헥타에 이르며 높이 9미터 전체 길이 12킬로미터에 달하는 성벽으로 둘러싸여 있다. 카스바와 멜리아를 나누는 성문이 별도로 있는데, 원래 카스바 지역은 왕궁 구역이며, 성 밖 멜리아 지역은 서민들이 사는 구역이었다.

메디나-마라케시의 전통적인 아랍 건축을 소개하면, 쿠투비아 모스크(Koutoubia Mosque), 아그에나우 문(Bab Aguenaou), 알 만수르 모스크(Almansour Mosque), 사딘 묘소(Tombeaux Saadiens), 메데르사 벤 유세프(Medersa Ben Youssef) 등이 있다.

04

마조렐 정원(Jardin Majorelle)은 1924년 프랑스 식민지 시대, 장식미술가 마조렐(1886~1962)이 설계한 식물원이다. 거대한 야자수 숲속에 선인장과 대나무의 숲, 연꽃이 있는 연못이 있어, 반사막지대의 햇살이 뜨거운 마라케시에서는 오아시스 같은 존재다. 정원 내 한쪽에 있는 저택은 열대 식물 속에 원색에 가까운 건축, 항아리 등과 초록색 자연의 조화가 아름답다.

정원을 처음 가꾼 사람은 마조렐이지만 실제로 그 정원을 세계적인 작품으로 올려놓기까지는 이브 생 로랑의 역할이 컸다. 자크 마조렐이 사망한 후, 이브 생 로랑과 피에르 베르가 정원을 관리함으로써 원형이 보존될 수가 있었다고 한다.

마조렐 정원

다음 날 아침, 마조렐 공원으로 가기 전, 미리 인터넷에서 보아둔 음식점을 찾아 나섰다. 다행히 호텔에서 그리 멀지 않은 대로변이어서 쉽게 찾았다.

입구에 들어서자 종업원의 차림이나 레스토랑의 분위기가 꽤나 세련되고 고급스러운 느낌이 들었다. 테이블에 앉아 메뉴를 훑어보니 쿠스쿠스나 타진은 보이지 않았다. 모로코에서 처음 만나는 프랑스 식당이어서 그런지 눈에 익은 메뉴들이 많았다. 아침을 즐기면서 잡담으로 즐거운 시간을 보냈다. 그리고 더워지기 전에 마조렐 정원으로 갔다.

택시 운전수가 우리를 내려준 곳은 조용한 주택가의 좁은 골목이었다. 그리고 골목의 중간쯤에 길게 줄을 서서 웅성거리는 사람들이 보였다.

햇볕이 다시 붉은 도시를 서서히 달구기 시작하고 뜨거운 태양의 열기가 몰려왔다. 우리는 점점 더워지는 햇빛을 피하기 위해 마조렐 정원보다 먼저 이브 생 로랑의 미술관을 먼저 관람하기로 했다.

미술관의 외관은 지역의 풍토, 환경과 조화를 이루고 있었다. 외관의 단조로움을 피해 붉은 벽돌 쌓기는 외관의 변화와 부드러움을 강조하기에 충분한 기법이었다. 특히 그것은 빛의 각도에 따라 그림자는 외관의 느낌을 다르게 할 것 같았다.

미술관 내부의 전시실에서는 그의 일대에 걸친 작품을 볼 수가 있었는데, 여러 시대가 지났는데도 불구하고 여전히 아름다웠다. 역시 한 시대를 리드하였던 독특

한 그의 디자인 세계가 예술로 승화할 수 있었던 본질은 무엇이었는가를 생각하게 하는 것만 같았다.

우리는 미술관을 나와 곧바로 마조렐 정원(Jardin Majorelle)으로 들어갔다.

아담한 아치 모양의 입구를 들어서자, 바깥과는 전연 다른 풍경이 펼쳐졌다. 바닥과 벽에는 세라믹 타일로 치장을 하고 중앙의 조그만 분수 주변으로 색색가지 꽃들이 공간을 장식하고 있었는데 화려하고 세련된 정원이라는 것이 첫인상이었다.

그리고 다시 발걸음을 옮겨 정원으로 들어가면 하늘을 가리는 잎이 무성하고 키가 큰 나무, 여러 종류의 선인장, 그리고 갖가지 꽃과 연못, 새들이 한데 어울려 시간을 멈추게 하는 듯 바깥과는 완전히 단절된 — 바로 낙원이었다. 뜨거운 햇빛을 가리는 나무 그늘에는 시원한 바람이 불고, 선인장들이 서 있는 모래 위에는 하늘에서 뜨거운 열기가 쏟아져 내리고 있었다.

그리고 마치 정원의 클라이맥스인 듯, 연못에 비친 마조렐 블루의 주택은 맑고 파란 하늘을 배경으로 더욱 더 빛나고 있는 것처럼 보였다.

나는 다시 자리를 옮겨 다른 시각으로 쳐다보았다. 커다란 주황색 항아리, 노란색 벽과 함께 마조렐 블루가 서로 색의 조화를 이루며 연못 위에 떠 있는 모습은 원색의 아름다움을 새삼 느끼게 하는 것만 같았다. 마라케시의 자연과는 너무나 다른, 너무나 대비를 이루는 정원을 마조렐은 왜 이곳에 만들려고 했을까 하는 의문이 떠올랐다.

그것은 사막지대의 단순한 자연의 아름다움이 아니라 마라케시의 하늘, 색을 진정으로 사랑한 마조렐의 혼이 담겨 있는 낙원이었을지도 모르겠다는 생각이 들었다.

나는 천천히 구석구석의 이름 모를 희귀한 식물들을 모두 둘러보고서 밖으로 걸어 나왔다. 물소리 바람소리 새소리가 귓전을 스치며 지나갔다.

우리는 마라케시에서 바쁜 사흘을 보냈다.

두 번째 방문인데도 여전히 아쉬움을 남기고 말았다. 마라케시 주변은 아틀라스 산맥이 인접하고 있는 만큼, 그곳에는 베르베르인들이 현재도 살고 있는 전통 마을들이 산재해 있다. 그러나 일정에 떠밀려 우리는 다음 목적지인 와르자자트를 향했다. 와르자자트까지는 대략 200킬로미터 정도 여정인데 자동차로 네 시간쯤 소요된다고 했다.

마라케시의 시가지를 벗어나자 어느새, 차창 밖은 붉은 흙과 바위뿐인 아틀라스 산맥 속이었다. 때로는 계곡 아래의 메마른 강을 끼고 달리기도 하고, 또 때로는 산을 넘거나 산허리를 달리며 아틀라스 산맥의 속살을 가까이 바라보며 그 황량한 경치에 놀랄 뿐이었다.

그렇게 세 시간가량을 달려 겨우 산속을 벗어나 평지를 달리고 있을 때, 도로변에 각종 가게나 음식점들이 늘어서 있는 동네의 T자형 갈림길에 아이트 벤 하도우 (AIT BEN HADOU) 라고 쓰여 있는 표지판이 보였다.

여기서 일단 핸들을 돌려 아이트 벤 하도우로 향했다. 와르자자트까지는 겨우 30분 정도밖에 남지 않은 거리였다. 10여 년 전에는 여기를 가기 위해서 훨씬 많은 시간이 걸렸고 포장이 되지 않아 엄청 고생했던 게 생각났다. 그러나 오래전의 기억에 가슴이 설렐 틈도 없이 마을 어귀에 도착했다.

차가 멈춘 곳은 대로변의 넓은 주차장이었는데, 언뜻 보았지만 마을은 처음 왔을

때와는 완전히 달라져 있었다. 아니, 그보다 차에서 내려 두리번거리며 사방을 둘러보았지만 가게는 모두 문이 닫혀 있고 길에는 사람은 물론 자동차 한 대 보이지 않았다. 모두 어디로 갔는지 마을은 적막하기만 했다.

멀리 산을 등지고 있는 붉은 카스바가 보였다. 계곡 아래로 내려가자 중간쯤에서 카스바의 전경이 한눈에 들어왔다. 이 지역의 여러 곳에 남아 있는 카스바들 중에서 아이트 벤 하도우는 유네스코가 지정한 세계문화유산으로서, 오닐라(Ounila) 계곡에서 가장 유명한 크사르(Ksar, 성채)이며, 남부 모로코의 흙으로 쌓은 놀라운 건축 기술을 보여주고 있다.

또한, 전통적인 모로코인들의 거주지로서 건조하고 황량한 암석사막 위에 지어진 요새도시이기도 하다. 원래 베르베르족의 거주지였던 이곳은 11세기 사막을 지나는 대상들의 길목에 건설되었는데, 낙타의 행렬이 소금을 싣고 남쪽 사하라 사막을 건너 마라케시로 갔다가 상아, 금, 노예를 싣고 돌아오는 길목에 있었다고 한다.

크사르는 주택들로 구성된 하나의 집합체인데, 공동 구역에는 사원, 광장, 성벽 밖의 곡물 타작 지역, 마을 꼭대기의 요새화, 묘지 (이슬람교와 유대교) 등이 있으며, 무척 경관이 아름답다. 그 유명한 〈아라비아의 로렌스〉, 〈글래디에이터〉 등의 영화 촬영지이기도 하다.

크사르 앞으로 가까이 다가가자 짙은 붉은색 흙으로 쌓은 건물들은 산의 허리 부근에서부터 아래까지 급한 경사지에 있었는데 일제히 남쪽을 바라보며 우뚝 서 있는 것처럼 보였다. 그 모습이 위풍당당하게 보이는 한편으로는 외부에 대하여 완고하고 폐쇄적인 인상을 준다. 지금은 한낮이라 모르겠지만, 만약 오전의 이른 시간이거나 오후의 해가 질 무렵에 크사르 앞에 서면, 건물들은 더욱 선명하고 붉은색으로 변하여 환상적인 광경을 볼 수 있을 것만 같았다.

나는 건천을 건너 일부러 입구로 들어가지 않고 한창 복원 공사가 진행 중인 한모퉁이의 좁은 골목으로 들어섰다. 골목길을 올라서니 웬 한 할머니가 길을 막아서

며, 웃는 얼굴로 집 안을 가리키며 연신 손짓을 하는 것이었다. 아마도 집 구경을 하라는 것 같아, 그렇지 않아도 주택의 내부가 궁금했던 터라 할머니를 따라 집 안으로 들어갔다.

집 안은 한가운데 중정과 같은 수직으로 열려 있는 공간을 중심으로 각 실이 ㅁ자형으로 배치되어 있었는데, 위아래 두 개의 층으로 나누어져 있었다. 아래층에는 할머니가 기거하는 방과 취사용 방, 그리고 두 개의 방이 더 있었으며 위층에는, 조그만 방들이 있었으나 실제 사용하고 있지는 않은 것 같았다. 그런데 특이하게도, 아래층에는 대문-중정-축사로 연결되는 외양간이 있어서 겨울철에는 주로 양들의 축사로 사용한다고 했다.

또한 외기에 면한 개구부는 없으며 채광은 주로 중정으로 들어오는 빛을 이용하는 것 같았다. 또한, 집의 구조나 재료를 보면, 흙과 돌로 두껍게 벽을 쌓고 그 위에 야자수나 잡목을 깐 다음 흙으로 덮은 것으로 보였다.

그 밖에도 궁금한 점이 많았지만, 아랍어를 알아들을 수가 없어 답답한 채 대문을 나섰다. 크사르 내부의 과거 이곳에 살았던 사람들의 흔적이 그대로 보전되어 있는 모습을 보며, 계속 위로 올라가자 시야가 트이며 크사르는 물론 멀리 주변의 지세가 자세히 보였다.

남북으로 길게 뻗은 오닐라 계곡의 강은 이미 건천으로 변해 있었고, 건천을 따라 짙은 녹색의 숲은 사막의 오아시스 같았는데, 그 외에는 모로코 남부의 황량한 사막뿐이었다. 옛날에는 저곳을 대상들이 낙타를 타고 지났던 길이라고 생각하니 그저 가슴만 답답해져오는 것만 같았다.

갑자기 시원한 바람이 불어왔다. 저만치 아래에서 외국인 관광객이 숨을 몰아쉬며 올라오고 있었는데 온통 붉은 흙벽 사이로 새파란 스카프 — 아마 근처에서 기념으로 산 것일지도 모르지만 — 의 색깔이 정말 잘 어울린다는 생각이 들었다.

조금만 더 기다려 사막에 노을이 지기 시작하면, 크사르는 짙은 그림자를 벽면에 그리며 한층 선명하고 붉은 모습으로 변하겠지 — 하는 아쉬움은 남았지만 우리는 와르자자트로 향했다. 그리고 얼마 지나지 않아 영화의 도시로 이름난 와르자자트에 도착했다.

사막으로 가는 길목, 와르자자트

와르자자트(Quarzazate)는 사막을 찾는 여행객이면 대부분 지나가는 곳이라고 한다. 프랑스 식민 시대에는 전략적으로 주둔군의 요새들이 건설되면서 현대 도시의 기본을 갖추기 시작하였는데, 지형적으로는 아틀라스 산맥과 드라아(Draa) 계곡이 만나는 중요한 전략적 요충지였다고 한다.

한편 관광의 측면에서는 사하라로 향하는 사람들이 지나는 길목이었을 뿐, 그 외에는 눈길을 끌 만한 점이 없었는데, 1990년대에 들어서면서 각종 할리우드 영화의 촬영지가 되면서 주목을 받기 시작하였다. 예를 들면, 〈미이라〉〈글래디에이터〉〈아라비아의 로렌스〉 등이 이곳 세트장에서 촬영되어 모로코의 할리우드라고도 불리고 있다고 한다.

와르자자트의 밤은 너무나 조용했다.

다데스 협곡으로 가는 길

오늘의 여정은 험한 산악지대와 사막을 장시간 달리는 것이라 가급적 아침 일찍 떠나야 했다. 아침 일찍 와르자자트를 뒤로하고 다데스 협곡으로 향했다. 다데스 협곡이 시작되는 곳까지는 120킬로미터이며, 대략 두 시간 정도 소요될 것 같았다. 그리고 협곡 안으로 들어가 다시 30킬로미터쯤 계곡을 따라 올라가야 했다. 그 다음, 다데스 계곡의 입구로 되돌아와서 메르조가(Merzouga)로 향할 계획이었다.

와르자자트에서 다데스 협곡으로 가는 길은 좁은 계곡 사이를 달리거나 산허리를 가로질러 가는 산길이 대부분이었다. 차창 밖은 잿빛 모래와 자갈이 금방이라도 흘러내릴 것 같은 산비탈과 모래뿐인 건천이 전부였다. 그러나 간간이 길가 조그만 마을이 스치며 지나가기도 했는데 그때마다 건천 주변으로 키가 큰 야자수 숲과 경작지가 보였다.

그리고 도로변 집들은 뽀얗게 먼지를 뒤집어쓰고 다닥다닥 붙어 있었다. 벽에 창이 없는 집들을 높은 곳에서 내려다보면 예외 없이 ㅁ자형 평면을 하고 있었다. 타인과의 소통을 피하고, 폐쇄적인 형태를 하고 있는 주택인데, 그 반면 주거 내의 생활은 매우 개방적이란 점은 아마도 우리들의 전통 한옥과 유사하지 않나 하는 생각이 들었다.

차는 어느새 협곡의 관문에 이른 듯, 길 앞에 울창한 야자수 숲이 나타나고, 계곡의 건너에는 제법 큰 마을이 보였다. 부말네 다데스 마을이었다.

협곡으로 들어가기 전에 마을에서 아침을 먹어야 했다. 그래서 사람들로 붐비는 마을 안으로 들어갔다. 온갖 잡동사니들을 팔고 있는 노점상들이 도로변에 줄지어 있고, 리어카와 수레의 사이를 요리조리 피해가며 오가는 사람들로 시끌벅적한, 마치 시골장터 같은 곳이 나타났다. 우리는 사방을 두리번거리며 음식점을 찾았다. 그때 좁은 골목길 옆으로 음식점 한 곳이 보였다. 음식점이 있는 것만으로도 다행으로 생각하였던 터라 그냥 그곳으로 갔다.

막상 음식점 안에는 아무도 없었다. 어떤 음식을 먹게 될지 몰랐지만 자리에 앉아, 그저 허기라도 채웠으면 좋겠다는 생각뿐이었다.

일행 가운데 누군가 메뉴에서 몇 가지를 주문하는 것 같았다. 나는 북적거리는 길거리의 오가는 사람들을 바라보고 있었다.

어느새 주문한 음식을 하나씩 하나씩 주인아저씨가 직접 날라다 주어 테이블이 가득 찼다.

테이블 위에 차려진 음식은 어느 곳에서나 볼 수 있는 것들이었다. 달걀 프라이, 오렌지 주스, 꿀, 버터, 올리브유, 커피, 토스트, 모로코식 크레페, 햄, 소시지 등이었다. 한 가지씩 먹으며 자세히 들여다보니 멀리서 가져온 음식은 하나도 없는 것 같았다.

서로 크기가 다른 달걀 프라이, 금방 손으로 짠 주스, 냉장하지 않은 우유, 그리고 꿀과 버터, 갓 짜서 나온 올리브유가 푸짐하게 담겨 있는 그릇을 보면서, 오랜만에 시골 음식의 정성을 먹는 것 같았다. 음식 한 가지 한 가지가 맛은 물론 신선했다. 예기하지 못했던 곳에서 맛있게 아침을 먹고 난 우리들은 마을을 빠져나와 협곡으로 들어갔다.

협곡 속으로

협곡으로 들어가자마자 풍경은 완전히 바뀌었다.

부말네 다데스에서 계곡을 따라 협곡으로 들어가는 길은 오르막인 데다 좁은 산길이다. 아래로는 계곡을 따라 오아시스가 이어지고, 오아시스에는 각종 농작물과 야자수 나무가 무성하여 숲을 이루고 있었다. 특히 장미를 재배하는 곳이 눈에 띈다. 반면에 산 쪽은 나무 한 그루 보기 힘든 민둥산으로 흙과 돌, 바위 외에는 아무것도 없으며, 흙은 짙은 붉은색 짙은 황토색을 띠고 있어서 흡사 불타는 듯하였다.

높은 산의 흙과 돌, 그리고 바위가 지금이라도 흘러 내릴 것만 같아 보였는데, 그곳에 옹기종기 모여 있는 붉은 집들이 조그만 마을을 이루며, 그 반대편에는 괴이하게 생긴 암석과 침식으로 생긴 단층이 금방 무너져 내릴 것같이 우뚝 서 있었다. 그리고 곳곳에 허물어져가는 카스바의 흔적이 사람들의 접근을 피하는 듯, 음산한 분위기가 감도는 듯했다.

차가 산모퉁이를 돌아갈 때마다 특이한 지형이 나타나 감탄을 자아내게 했다. 이것이 아틀라스 산맥의 속살인가 보다 하는 생각을 하며 대략 반 시간 정도를 달려가자 갑자기 차창 밖으로 하늘을 두 개로 갈라놓은 듯 웅장한 절벽이 나타났다.

당연히, 더 이상 갈 수 없겠다, 하는 생각이 순간 들었다.

협곡의 절벽은 그 높이를 알 수가 없었고, 절벽 사이의 계곡에는 군데군데 물이 고여 마치 거울처럼 맑은 하늘이 보였고, 계곡 위에서 갈라진 협곡 아래로 뜨거운 햇빛이 쏟아지고 있었다.

　우리를 가로막고 서 있는 절벽은 지금이라도 주저앉을 것만 같아 보였는데 수직으로 버티고 있는 형상이 도저히 믿겨지지 않았다.

　차가 거의 붉은색 절벽 앞까지 다가가자 끊어진 것처럼 보였던 길은 절벽에 굵은 지그재그를 그리며 절벽 위로 이어져 올라가고 있었다.

　가까이서 자세히 쳐다보니 올라가는 길은 그 폭만큼 절벽 속을 파서 겨우 차가 지나가게 만들었는데 보기에 선뜻 내키지 않았지만, 차의 시동을 다시 걸어 절벽 위로 올라갔다. 거의 반쯤 올라갔을 때, 순간, 나는 놀라 눈을 크게 뜨고 눈앞에 펼쳐진 광경을 바라보았다.

　그것은 협곡 아래를 바라보는 아찔한 장관이 아니라, 수직 절벽의 가장자리에 달라붙은 듯 서 있는 건물 때문이었다. 흙과 돌더미 위에 서 있는 듯 보이는 건물이 금방이라도 협곡 아래로 쓸려 내려갈 것만 같은 모양을 하고 있었기 때문이었다.

　누가 저곳에 저렇게 위험하게 건물을 지었을까? 하는 생각을 하며 협곡 위로 올라갔다. 차가 평지에 닿자 나는 차에서 내려 방금 올라온 길을 내려다보았다. 협곡 아래에서 쳐다볼 때와는 전연 다른 풍경이었다. 협곡의 절벽과 절벽 사이는 마치 대지를 찢어놓은 것 같았고, 커다란 뱀처럼 그 끝은 어디론가 사라지고 없었다.

　나는 조금 전 보았던 건물을 쳐다보며, 저런 곳에서 어떻게 잠을 잘 수가 있을까 생각하면서도 한편으로는 아침 해가 뜰 적에 그 광경은 어떨까 하는 호기심이 들었다.

　우리는 그렇게 한참을 계곡의 정상에 서서 사방을 둘러본 뒤 다시 왔던 길을 되돌아갔다. 다시 협곡을 내려가는 동안 협곡의 특이하고 다양한 지형과 지질, 그리고 그 속에 삶의 뿌리를 내리고 살아가는 집과 마을을 보았다. 과연 어떤 사람들이 살고 있을까 하는 생각이 떠나질 않았지만, 오늘은 사막도시 메르조가까지 앞으로 대략 270킬로미터를 더 달려야 했다.

05

다데스 협곡은 하이 아틀라스 산맥과 제벨 사흐로(Jebel Sahro) 산맥 사이를 흐르고 있다. 특히 다데스 협곡 주변에는 큰 규모의 오아시스와 수많은 카스바들이 펼쳐져 있어 이곳을 수천 개의 카스바 계곡이라고 부른다. 계곡은 온통 풍화작용으로 깎여 나간 흙더미의 기둥들이 기이한 모양으로 장관을 이룬다.

계곡에서 동쪽으로 50킬로미터 정도 떨어진 곳에 엥케라 음구나(El-kelaa MGouna)라는 타운이 있다. 이곳은 장미를 재배하는 것으로 유명한데 5월에 이곳을 방문하면 컬러풀한 장미축제를 관람할 수 있다. 이곳에서 협곡을 따라가면 부말네 다데스(Boumalne Du Dades)라는 아름다운 타운이 등장한다.

사막에 내리는 비

메르조가에 도착하면 사막 투어에 참가하기로 이미 예약을 해둔 터였으며, 사막에서 모닥불을 피우고 밤하늘의 별을 보며 보낼 것만 상상하면서 길을 서둘렀다.

다행히 N12번 국도는 비록 좁지만 포장도로였으며 거의 평지와도 같은 사막지대로 이어져 있었다. 하지만, 갈림길에 표지판이 없는 데다 GPS가 제대로 위치를 인식하지 못하는 상태가 겹치고 말았다. 그리고 한번 길이 어긋나면 되돌아가기가 더욱 힘들어진다는 생각이 온몸으로 전해졌다. 더군다나 사막 투어를 약속한 시간은 점점 다가오고 있었다. 우리는 갈림길에서 차를 세우고 지나는 사람에게 물어 방향을 확인하기로 했다.

그때였다. 다데스 협곡을 떠날 때만 해도 맑고 푸른 하늘을 보며 감탄하곤 했었는데 남쪽으로 내려오자 하늘은 예사롭지 않게 짙은 구름으로 가득했다.

지나가는 차량을 세워 메르조가로 가는 방향을 확인하자, 결국 우려했던 일이 벌어지고 말았다. 즉, 그 사람의 말로는 전혀 반대 방향을 달리고 있었던 것이었다. 돌아가야 하는 거리가 만만치 않았고, 이대로 간다고 하더라도 약속한 시간에 도착하기엔 너무 빠듯한 것 같았다.

어쩔 수 없이 우리는 일정의 변경을 생각해봐야 했다. 무리해서 달리면 목적지까지 도착이 불가능한 상황은 아니었다. 하지만 한 가지 더 고려해야 할 필요가 생긴 것은 날씨였다. 시간 내 도착한다 하더라도 경우에 따라서는 사막에서 비를 만나게 되는 일이었다. 불안한 날씨가 우리들의 마음을 움직였는지 계획을 변경하기로 했다. 우리들이 서 있는 현재의 위치가 어디쯤 되는지 정확히는 알 수가 없었지만 짐작하기에 모로코 남부의 국경에서 아주 가까운 곳일 것 같았다. 그래서 현재의 위치에서 가장 크고, 내일 도착지에 가까운 도시, 에라시디아(Errachidia)로 향했다.

언제나 되돌아가는 길은 답답하고 괴로운 것인지 사막 투어에 대한 미련과 실망, 그리고 피로감마저 겹쳐 차 안은 모두 지친 분위기였다. 차를 되돌려 막 떠나려는 순간, 차창에 조그만 물방울이 맺히는 것을 보았는데, 그리고 조금 지나자 그것은 물방울이 아니라 틀림없는 빗방울이 되었다.

사막에서 비를 만나본 적이 없어 빗방울이 신기하기만 했다. 하늘은 어두워지고 떨어지는 빗방울은 어느새 완전히 소나기로 변하여 차창을 두들기는 빗소리가 요란해지기 시작했다. 얼마간을 그렇게 달렸는데 이젠 아무리 와이퍼가 빨리 작동해도 앞이 전혀 보이지 않을 지경으로 큰비가 쏟아졌다. 할 수 없이 차를 도로변에 세웠다.

그리고 비가 그치기를 기다렸지만, 그치기는커녕, 이번에는 물속에 잠겨 있는 듯 비가 아니라 물이 쏟아지는 것 같았다. 차 속에 있었던 우리들에게는 물속이나 다름이 없을 정도였다. 여태까지 한 번도 사막에 내리는 비를 경험한 적이 없는 나는 몹시 불안하기도 했지만, 반대로 신기하기만 했다. 그런데 놀라운 것은 사막의 비, 그 자체보다 비가 온 다음의 광경이었다.

잠시 후 비가 그치고 난 다음, 나는 창밖의 놀라운 광경을 쳐다보았다. 좀 전까지 보이던 황량한 사막은 사라지고, 마치 물 위에 떠 있는 것처럼 사방에는 크고 작은 물웅덩이가 지천에 널려 있고, 지대가 낮은 곳에는 급류가 흐르고, 메말랐던 건천은 다시 살아난 듯, 용트림을 치고 있었다. 나는 처음 보는 놀라운 광경 — 사막의 변화무쌍한 모습에 그저 할 말을 잃었다. 도로가 보이지 않을 정도로 빗물에 잠긴 곳에는 급류에 휩쓸려 내려온 돌이 행여나 차에 닿지나 않을까 걱정되기도 하였다. 우리는 해가 질 무렵 에라시디아에 도착하였다. 무지하게 피곤하고 긴 하루였다.

일정에 없던 에라시디아를 떠나 페즈로

예정에 없이 들른 도시, 에라시디아는 아틀라스 산맥 한가운데, 고도가 무려 천 미터가 넘는 높은 지역에 형성된 도시라고 한다. 북쪽 산맥에서 흘러내리는 강이 도시를 길게 가로지르고 그 주변에는 여러 가지 농작물을 재배하고 있었다. 짙은 붉은색의 깊은 계곡, 그리고 하늘로 치솟은 단층을 보면서 아침 일찍 우리는 N13번 도로를 타고 고도 페즈로 향했다.

페즈(Fez)까지는 약 340킬로미터이며, 다섯 시간 정도 소요된다고 한다. 도중에 아틀라스 산맥을 넘어야 하고 먼 산길을 지나는 길이 그리 쉽지 않을 것 같았다. 그렇게 몇 시간째 달렸다. 산과 들, 그리고 넓은 평야의 무성한 숲과 과수원, 경작지가 차창으로 지나갔다. 그리고 얼마 시간이 지나지 않아 고도 페즈에 도착했다.

페즈에 가면 꼭 숙소를 리야드로 하고 싶다고, 모로코 여행을 생각하면서부터 마음먹고 있었다.

인터넷에서 알아본 주소로 찾아간 리야드는 얼핏 보아서는 오래된 간판에다 길거리의 먼지가 쌓여 알아보기 어려웠는데 대문 역시 마찬가지였다. 더구나 주변은 해가 저물면 어두워서 나다니기에 불편할 것 같아 보였고 길거리의 분위기 또한 썩 마음이 놓이지는 않았다. 겉으로만 보아서는 조금 실망스러운 느낌이 들려고 하는데, 아마도 일행 중 누군가가 노크를 했는지 대문에 달린 조그만 쪽문이 열리면서

모로코의 전통 의상을 차려입은 예쁜 여자가 밖으로 나왔다.

안으로 들어가자마자 모로코 전통 건축의 내부 분위기에 상기되어, 한동안 바라보고 서 있었다. 오랜 역사를 지닌 듯 건물의 원형을 살려서 숙소로 사용하고 있었는데 이슬람 건축의 독특한 분위기 — 섬세하고 기하학적인 문양, 아치, 조명, 흰 벽과 강한 색상 등의 요소가 어울려 매우 세련된 실내 분위기를 연출하고 있었다. 그리고 3일간 묵게 될 숙소 — 리야드의 평면을 대충 추정하면, 기본적으로 중앙의 중정을 중심으로 각 실이 ㄷ자형으로 배치되어 있었다. 그리고 ㄷ자의 열려 있는 곳은 옆 건물과 벽을 공유하고 있었는데 언뜻 보기에는 ㅁ자형으로 보였다.

주인의 설명에 의하면 옛날에 신분이 있는 분의 주택을 개조하였다고 한다. 아무튼 방의 내부, 또한 가구, 창문, 조명기구 등은 이국적인 분위기를 강하게 느끼게 하지만 흰 벽이 전체적으로는 현대적이며 우아한 느낌이 들었다.

숙소에 짐을 옮겨놓은 다음, 우리는 서둘러 미리 약속해둔 가이드와 함께 메디나 속으로 들어갔다. 메디나는 예나 지금이나 마찬가지였다. 천 개나 되는 미로의 골목에 시장은 물론 학교, 공관, 사원, 주택가 등이 8세기 때부터 형성된 이후, 지금까지 그 모습을 이어가고 있는 페즈-알발리(Fez-Al-Bali)는 모로코 관광의 시작일 뿐만 아니라, 문화와 정신의 중심지이기도 하다.

붐비는 골목, 오가는 사람들 사이로 짐 실은 당나귀가 오가는 풍경은 변함없었지만, 따닥따닥 붙어 있는 좁은 가게들은 이미 철시를 하고 있었다.

가이드에게, 왜 모두 문을 닫느냐고 물었더니, 내일부터 시작되는 축제(양의 희생제) 때문이며, 전국적으로 모든 가게가 문을 닫는다고 한다.

말을 듣고 나니 정말 오가는 사람들의 발걸음이 바쁘게 보였다.

하는 수 없이 우리는 가이드를 재촉하여 서둘러 염색 공장이며 사원, 빵 굽는 집, 역사적인 건물 등을 찾아다녔다.

　양 희생제 이슬람의 최대 축제인 이드 알 아드하(Eid al-Adha)는 우리나라 추석 명절과 같은 날이다. 성경에 나오는 아브라함이 하나님께 새끼 양을 바친 일에서부터 유래된 종교 축제로서, 이슬람교도들은 매년 모든 가정에서 한 마리씩 양을 구해 희생절을 준비하며, 양을 잡아 고기를 나누어 먹는다. 참고로 이드는 명절이란 뜻이며 알 아드하는 가축 도살 또는 희생물 헌납이라는 뜻이다. 이 축제는 3일에서 10일간 계속된다.

슈와라 태너리(Chaouwara Tanneries)를 내가 처음 본 것은 국내 어느 TV 방송에서였다. 메디나 관광의 하이라이트처럼 대부분의 관광객이 다녀간다는 이곳으로 갔다. 우선 가게 입구에서 점원이 건네주는 민트 잎을 소중하게 받아들고 가게의 옥상으로 올라갔다. 골목에 들어서기 전부터 심하게 코를 자극하던 냄새가 상점에 들어서자 도저히 서 있을 수 없을 정도로 심해졌다. 가이드의 말로는, 염색 과정에 들어가는 동물의 배설물로 인한 암모니아의 악취라고 한다. 모두 아래층 입구에서 받아든 민트 잎을 코에다 대고 태너리의 전경을 내려다보았다.

결국 이곳에서도 사진에서 보았던 각종 원색의 팔레트처럼 화려한 전경을 볼 수는 없었는데, 작업장의 사람들이 모두 축제로 인해 귀가하였기 때문이라고 했다. 화려한 물감들이 담겨 있었던 수조는 텅 비어 있었다.

가이드가 말한 태너리에 관한 설명을 간단히 요약하면, 염색 공장이 페즈에 생긴 것은 8세기경이었다고 한다. 현재 페즈에는 모두 세 곳의 태너리가 있는데 그중에서 지금 보고 있는 슈와라 태너리가 가장 큰 곳이라고 한다. 그리고 태너리라고 부르는 것은 나무껍질에서 추출한 식물성 탄닌(Tannin)으로 가죽을 염색하였던 것에서 유래되었다고 한다. 다양한 염료들 중에서 갈색 염료는 나무껍질, 빨간색 염료는 양귀비꽃, 파란색 염료는 인디고, 노란색 염료는 샤프란꽃에서 채취하며, 비둘기 똥이나 소의 오줌 같은 것도 착색을 위해 염색약에 함께 넣는다고 한다.

태너리를 나와 좁은 골목길을 요리조리 누비며 가이드를 따라간 곳은 세파리네 (Seffarine, 놋쇠를 가공하는 사람) 광장이었다. 말이 광장이지 대장간이 있는 작은 마당이었다. 좁은 골목에는 사람들이 분주히 돌아다니고 당나귀가 짐을 나른다. 골목 안의 작은 가게들은 흥정하는 사람들로 북적인다.

거울과 각종 등, 옷감이나 스카프를 팔기도 하고 비부슈라는 슬리퍼 모양의 전통 신발, 각종 향신료나 가죽제품을 파는 가게들 앞을 귀여운 고깔모자가 달린 젤라바 (djellaba, 모로코의 전통 가운)를 입은 노인이 지나갔다.

내일부터 시작되는 축제는 대략 일주일간 계속된다고 하는데, 무슬림들의 라마단 다음으로 큰 종교 행사라고 한다. 우리나라의 추석명절과도 같은 날인 것 같았다. 아무리 붐비는 골목길이라 하더라도 골목의 특색과 분위기가 있었으나, 오늘만큼은 모두가 어수선하며 분주할 뿐, 골목마다 특유의 냄새를 맡을 수는 없었다.

방금 지나온 모스크에서 아잔 소리(이슬람 예배 시간을 알리는 소리)가 울려 퍼질 즈음, 우리는 리야드로 다시 돌아왔다.

다음 날 아침 메디나의 전경을 내려다볼 수 있는 성 밖의 높은 곳으로 갔다. 어제 다녔던 곳이 메디나의 어느 위치였는지 몇 군데는 알 수 있을 것 같았지만, 메디나는 성벽으로 둘러싸여 있는 마치 하나의 커다란 카오스로 보였다. 끝도 시작도 없이 서로 얽혀 있는 하나의 커다란 혼란과 무질서한 덩어리 — 그것이 곧 메디나의 본 모습이었다. 그러나 그 속에서도 ㅁ자형 형태가 서로 벽이나 지붕을 공유하며 밀집해 있는 모습이 보였다.

만일, 우리가 저 속에 있는 주택의 대문을 열고 안으로 들어갈 수 있다면, 분명 중정으로 쏟아지는 햇빛과 푸른 하늘을 볼 수가 있을 것 같았다. 그리고 집집마다 서로 다른 햇빛과 하늘을 바라보며 그것이 곧 신이 내리는 축복으로 알고 살아가는 사람들을 볼 수 있을 거란 생각이 들었다.

언덕을 내려와 우리는 인근에 있는 역사도시 메크네스로 향했다. 참고로, 페즈에서 보아야 될 건물들을 소개하면 아래와 같다.

바트하 박물관(Musee Dar Batha) 전통 공예 박물관으로 도기, 카펫, 민속 의상, 전통 악기 등을 비롯하여 모로코의 건축 양식을 잘 보여주고 있다.

부 즐루드 문(Bab Bou Jeloud) 구시가지로 통하는 대표적인 입구 중 하나로 913년에 세워졌다. 바깥은 페즈를 상징하는 청색 타일, 안쪽은 이슬람을 상징하는 녹색 타일로 아라베스크 무늬가 장식되어 있다.

마드라사(Bou Inania Madrasa) 페즈의 신학교. 뛰어난 아랍미술과 기하학적인 모자이크, 석고 장식 등을 볼 수 있다.

폰두크 테투안(fondouk Tsetouanine) 테투안에서 오는 상인들의 고급 숙소로서 14세기 때 건축되었다 지금은 카펫, 장식품 등을 취급하는 토산품 가게로 사용된다.

부-이나니아 신학교(Medersa Bou Inania) 14세기에 부-이난(Bou-Inan)에 의해 세워진 메린 왕조 최대의 신학교이며 무어 양식의 대표적인 건축이다.

무기 박물관(Borj Nord d'Armes) 술탄 아흐메드 알 만수르에 의해 16세기에 세워진 북부 요새이며, 현재 세계 각국에서 수집한 각종 무기를 전시하고 있다.

카라윈 모스크(Mosquee Qaraouiyne) 859년 케로안의 망명자 알 페헤리의 딸 파티마에 의해 건설된 케로안인을 위한 모스크. 북아프리카 최대의 규모를 자랑하는 모스크로서 입구가 14개이며 2만 명을 수용할 수 있는 규모이다.

수크 아타린(Souk Attarine) 카라윈 신학교 근처의 향신료 시장.

안달루스 모스크(Mosquee des Andalous) 9세기 스페인에서 이주한 이슬람교도를 위해 세워진 모스크. 페즈강 동쪽에 발달한 안달루시아 지구의 중심이다. 모스크 북쪽에 있는 불후의 문이 유명하다.

페즈 자디드(Fez El Jadid) 1276년 페즈 알 발리 남쪽에 건설된 도시이다.

유대인 거주지구(Mellah) 14세기에 형성되었으며 왕궁 근처에 있다.

07

아틀라스 산맥지역의 교통 요충지에 설립된 페즈는, 9세기에 건설되어 14세기에 이르러 황금시대를 이루기까지 번성했다.

도시는 특징적인 세 구역으로 나누어져 있다. 최초의 도시인 '페스 엘 발리' 구역, 그리고 왕궁과 사원 구역을 만든 '페스 엘 예디드' 구역이 구도시 지역에 속하며, 나머지가 프랑스 식민시절의 유럽풍 도시구역이다. 이 구역 가운데 구도시 지역은 종교적으로 최대의 성지가 되었고, 스페인으로부터 학자들을 유치하고 대학을 세워 학문적으로도 이슬람 사회의 요람이 되었으며, 지리적으로 교역의 중심지로서 활발한 상업도시로 번창해왔다.

한편 페즈는 현재 모로코 제3의 도시로서, 페즈의 메디나는 그 특징과 문화 역사적인 가치를 인정받아 1981년 유네스코 세계문화유산에 등재되었다.

메크네스는 모로코의 4대 도시(페즈, 메크네스, 마라케시, 라바트) 중 하나이며, 17세기 시가지 및 건축물들이 완전한 형태로 보전되어 있다. 11세기에 요새도시로 건설되었다가 17세기 알라위 왕조의 수도가 되면서 황금기를 맞았다. 이곳의 유적들은 유럽과 이슬람의 문화가 뒤섞인 독특한 양식을 보이고 있다.

술탄은 메크네스를 수도로 정하면서 거대한 성문이 있는 높은 벽들로 둘러싸인 스페인-무어 양식의 인상적인 도시를 건설했다.

아담한 메디나와 진귀한 유적들, 중요한 기념물들을 보존하고 있는 역사도시로 유네스코 세계문화유산으로 지정됐다(1996).

고도 메크네스

메크네스는 페즈에서 대략 70킬로미터 정도 떨어져 있으며, 자동차로 한 시간 정도 걸리는 곳이었다. 그리고 그 주변에는 고대 로마 유적지인 볼루빌리스(Volubilis)와 물레이 이드리스(Moulay Idriss Zerhoun) 마을이 있다. 그러나 우리는 일단 메크네스로 가기로 하고 밥 만수르(Bab Mansour) 문 앞에 차를 세웠다.

오늘은 모로코 전역에서 라마단 다음가는 축제의 날 ― 양의 희생제가 시작되는 날이라 메크네스 역시 주민들이 모두 어디로 갔는지 길거리에는 거의 사람들의 왕래가 보이지 않았다. 그러나 골목에는 양고기를 구운 쾨쾨하고 비릿한 냄새가 풍기고 있었다.

메크네스는 사이스 평원(Saiss Plain)의 넓고 비옥한 평야에 둘러싸인 도시이다. 각종 곡물은 물론, 농작물이 풍족하여 11세기 사하라 사막에서 온 베르베르 사람들이 세운 알모라비드 왕조(Almoravids, 1062~1145)의 지배자들은 곡식과 무기를 저장하는 건물을 세우고 군사 주둔지로 이 지역을 개발하였다고 한다. 그 이후, 알라위(Alaouite) 왕조의 술탄 물레이 이스마일(Moulay Ismaïl, 1672~1727)이 수도로 지정하여 전성기를 맞이하였는데, 술탄은 25킬로미터에 이르는 거대한 성벽을 쌓고 스페인의 무어 양식으로 황제의 도시를 건설하였다고 한다. 도시는 엘헤딤(El-Hedime) 광장을 중심으로 각각 성벽에 둘러싸여 있는 북쪽의 메디나와 남쪽의 넓은 카스바(황

제의 도시), 그리고 북동쪽의 프랑스 식민지 시대 신시가지, 이렇게 크게 세 지역으로 나누어진다.

엘헤딤 광장을 중심으로 각각 성벽으로 둘러싸여 있는 제국의 중심지와 고대 사회 경제 구조를 나타내는 메디나의 유적들을 가지고 있는 이 역사 도시는 급변하는 환경 속에서도 유적과 기념물들은 잘 보존되고 있을 뿐만 아니라, 이슬람과 유럽의 건축과 도시 계획에 관한 각각의 특징을 통합한 도시 설계를 보여주고 있다. 아홉 개의 터키식 목욕탕, 궁정, 곡물 창고, 폰두크(Fondouk), 그리고 각 시대의 특징을 나타내고 있는 개인 주택 등에서 그 특징을 살펴볼 수 있다. 건축물 내부는 이슬람 건축의 기초인 타일(젤리즈)과 석고 부조를 비롯하여 청동 장식과 대리석으로 화려하게 장식되어 있다.

메크네스를 수도로 삼은 알라위 왕조의 물레이 이스마일이 남긴 가장 큰 업적은 무엇보다도 새로운 제국의 도시를 건설하였던 점이다. 바로 방어 목적의 성벽으로 요새화한 메디나와 카스바가 그것이다. 그것은 스페인−무어 양식의 건축들로서 높은 성벽과 성문으로 둘러싸여 있다. 넓은 카스바의 성벽 안에는 모스크, 무덤과 정원을 비롯하여, 큰 마구간이 딸린 궁전, 군사 학교, 거대한 곡물 창고, 수조 등으로 제국의 중심지를 건설하였다. 밀집된 구조의 메디나와는 차별화되어 있다.

고대 로마의 유적지, 볼루빌리스

텅 빈 듯한 메크네스를 뒤로하고 우리는 고대 로마의 유적지인 볼루빌리스로 갔다(모로코에서 로마의 도시 유적지로는 가장 보존이 잘 되어 있다는 곳이다. 1997년 유네스코 세계문화유산으로 등재되었다).

지금은 N13번 도로를 이용하면 대략 반 시간 만에 볼루빌리스의 주차장에 도착할 수 있다. 하지만, 10년 전만 해도 주차장은커녕 표를 사서 들어가는 곳이 아니라 길가에 버려진 돌무더기나 다름없는 곳이었다. 이곳이 기원전부터 있었던 로마의 도시였다는 것을 알아보기에는 너무나 초라했다. 관광객은 물론 인적조차 드문 곳이었다.

아무튼 우리는 주차장에 차를 세우고 정해진 길을 따라 유적지 안으로 들어갔다.

원래 볼루빌리스는 제르훈(Zerhoun)산 아래 와디쿠마네(Wadi Khoumane)의 비옥한 경사지에 건설되었는데, 이 고대 도시는 베르베르의 마우레타니아(Mauretania) 왕국의 고대 수도였던 것으로 추정된다고 한다. 그러나 기원전 3세기경에 카르타고의 무역상인들이 정착하기 시작하였으며, 서기 40년경에 로마에 합병된 이후 240년간 로마의 속국 모리타니아(Mauritania)의 도시로 성장하였다고 한다.

8세기경 이드리스 왕조의 시조인 이드리스 1세가 이 지역에 왕조의 기반을 세운 이후, 이드리스 2세에 의하여 페즈로 수도가 옮겨지면서 볼루빌리스는 점점 쇠퇴하

기 시작하여 주민들은 이곳에서부터 5킬로미터 정도 떨어진 새로운 도시 물레이 이드리스로 이주하게 된다.

이러한 이유로 페즈와 물레이 이드리스의 건설을 위해 볼루빌리스의 고대 건물들로부터 석재들을 채취해 갔기 때문에 11세기경 볼루빌리스는 버려진 폐허도시가 된다. 더구나 17세기 메크네스 황제의 도시 건설을 위하여 다시 석재가 채취된 데다 1755년에는 포르투갈 지진으로 파묻히게 되었다.

이후, 프랑스 식민지 시대에 발굴되어 일부 복원된 것이 지금의 모습이다.

로마의 카라칼라 황제, 줄리아 돔나를 기리며 세운 개선문, 공화당 건물, 바실리카 신전 등이 있으며, 가장 눈길을 끄는 것은 북쪽에 있는 모자이크다. 바쿠스, 헤라클레스, 힐라스, 디아나의 모자이크는 로마 신화를 모티브로 삼고 있다. 그리고 열주가 있는 하우스 오브 칼럼(House of Columns)과 미완성 모자이크인 나이트 하우스(Knight House)가 있다. 원래 이 도시는 1만 2천 명이 거주할 수 있었고, 도시의 면적은 40헥타였다고 한다.

한참 여기저기를 둘러보았더니 땀이 났다. 햇빛을 피할 수 있는 곳이 바실리카 신전뿐인 듯했다. 나는 이 신전의 기둥 옆에 서서 멀리 바라보았다.

넓은 평야가 한눈에 들어오고 이름 모를 작물들이 푸른 초원을 이루고 있었다.

눈이 쌓인 듯한 마을, 물레이 이드리스

볼루빌리스의 로마 시대 유적지를 뒤로하고 우리는 다시 물레이 이드리스 마을로 갔다.

마을은 제르훈산 기슭의 두 언덕 위에 있으며, 모로코인들의 마음속에 거룩한 뜻의 특별한 장소로 인식되고 있다. 물레이 맞은편 언덕 위에서 바라보면 나무들이 울창한 숲과 산에 둘러싸여 있는 마을의 전경이 한층 잘 보이는데, 마치 눈이 소복이 쌓인 듯 보이는 마을이 무척 정답게 느껴진다. 그리고 그 주변으로 사이스 골짜기의 비옥한 들판에 올리브나무가 푸르게 서 있는 모습이 들어온다.

마을 입구의 광장에는 은행, 카페 및 레스토랑뿐만 아니라 작은 호텔도 있어서 제법 붐비고 있었다. 페즈에서의 바쁜 일정을 마치고 우리는 쉐프샤우엔(Chefchaouen)으로 향했다.

페즈에서 쉐프샤우엔으로 가는 길이 하필이면 좁은 지방도로로 접어든 덕분에 예상보다 오래 걸리고 피곤하기는 했지만 작은 마을과 주택, 적막한 주변의 경치를 자세히 바라볼 수가 있어서 좋았다.

수도 없이 많은 마을을 지나쳤다. 길가에는 하얀 먼지를 덮어쓴 커다란 선인장들이 무성하였다. 페즈에서 약 200킬로미터가량 떨어진 쉐프샤우엔은 자동차로는 네 시간 정도인데 우리는 점심시간쯤 호텔 체크인을 했다.

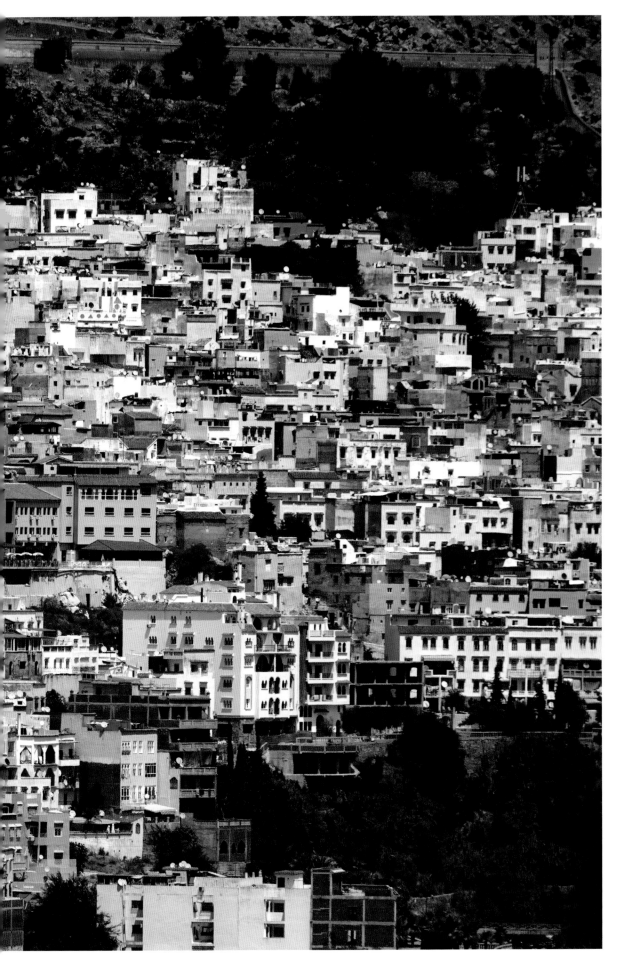

09

쉐프샤우엔(Chefchaouen)은 1471년 건설되었다. 중세에 이베리아 반도를 떠나 지브롤타 해협을 건넌 유대인과 무어인들이 정착한 리프 산맥 중간의 산악도시, 그곳이 바로 쉐프샤우엔이었다.

푸른빛을 숭상하는 유대인들은 집과 골목, 창문을 모두 푸른색으로 칠해 푸른 세상을 만들었다. 유대인들이 이스라엘 건국 이후 쉐프샤우엔을 떠나자, 그 유대인들의 흔적인 푸른색을 무어인들은 자신들이 숭상하는 녹색으로 바꾸지 않고 그대로 유지하였다고 한다. 이와 같은 소문이 유럽의 관광객들 사이에 퍼지기 시작한 것이다. 이곳은 탕헤르 및 세우타(스페인령)와 근접해 있어 관광지로 많이 알려져 있다. 쉐프샤우엔의 이름은 마을 뒷산의 모습을 형상화한 것인데 염소의 두 뿔(chouoa)과 닮았다고 해서 붙여진 이름이라고 한다.

참고로, 스페인은 1956년 모로코 독립 때 이 도시를 반환했다.

블루의 신비

쉐프샤우엔에서도 양의 축제로 인해, 호텔을 나서자 마을이 온통 양고기 구운 냄새로 진동하는 듯했다.

축제 당일이 아니라서 그런지 길에는 제법 사람들이 다니고 상점도 문을 많이 열고 있었다. 혹시 그게 아니면, 옛날부터 유대인이 많이 살고 있었기 때문인지도 모른다는 생각을 하면서 마을 안으로 들어갔다.

모로코 리프 산맥에 위치하고 있는 쉐프샤우엔은 코발트블루, 터키블루, 베르베르블루 그리고 인디고 등 온갖 파란색과 하얀색의 대비가 아름다운 마을이다. 흰색은 생석회이며 푸른색은 알카네트(alkanet)에서 추출한 식물성 염료를 일반적으로 사용한다고 한다.

좁고 구불구불한 골목을 이곳저곳 기웃거리며 천천히 마을 안을 걸었다. 맑고 푸른 하늘 아래 파랗게 칠한 담과 벽을 따라 걷다 보면, 내가 마치 파란 풍선 속에 들어온 것 같은 몽환적인 느낌마저 든다.

페즈에서 본 혼돈과 무질서한 도시의 이미지를 벗어나 하얗고 푸른색으로 통일된 쉐프샤우엔은 신선한 휴식의 시간을 주는 것 같은 느낌이 들었다.

우리는 마을 끝에 있는 어느 카페에 들렀다. 이곳은 축제의 날과는 무관한 듯 손님들로 가득했다. 계곡이 훤히 내려다보이는 곳에 앉아 이제 끝나가는 모로코 여행을 되돌아보며 빠르게 지나는 시간에 새삼스럽게 놀라면서 얼마 남지 않은 남은 일정을 생각했다. 그리고 산 아래 넓었던 벌판에는 새로 지은 듯한 건물들이 빼곡히 들어서 있는 광경이 보였다.

언제까지 마을의 역사와 전통이 이어져갈 수 있을지, 마을은 점점 기울어가는 석양빛을 받아 더욱더 짙게 변하고 있었다.

아실라의 석양

온 동네가 아침 햇살을 받아 짙은 그림자를 늘어뜨리고 하얗고 파란 색의 집들은 한층 맑고 선명하게 보였다. 우리는 이번 여행의 마지막 목적지인 아실라(Ashila)로 향했다. 쉐프샤우엔에서 가까운 테투안, 또는 유럽 대륙과 가까운 탕헤르에서 여행의 마지막 하루를 보낼까 하는 생각을 해보기도 했지만, 우리는 대서양에 면한 조그만 벽화의 마을에서 여행을 마무리하기로 했다.

그것은 새로운 것에 대한 충격이나 자극보다는, 지금까지 지나온 여정을 돌이켜 보며 조용히 생각하고 싶었기 때문이었다.

대서양 연안의 북서쪽 끝에 위치한 요새도시 아실라는 기원전 1500년경부터 1956년 모로코의 독립까지 파란의 역사를 지닌 도시로서 지금도 성벽과 성문은 옛 모습 그대로 남아 있다.

아실라에 도착할 때까지 차는 줄곧 푸른 들판을 달렸는데, 정오가 조금 지나 바닷가의 하얀 벽화마을 어귀에 도착했다. 그리고 우선 예약한 숙소의 주소로 찾아갔다. 운 좋게 숙소는 하얀 칠을 한 단독 이층집으로 바닷가에 맞닿아 있는 정말 마음에 드는 곳이었다. 맨 아래층은 침실, 2층은 거실과 식당, 옥상은 확 트여 대서양을 바라볼 수 있었다. 저녁노을을 바라보기에 이보다 더 좋은 곳은 없을 것 같았는데, 멀리 해안선의 모래사장에는 뛰노는 사람들의 모습이 보였다. 짐을 옮겨놓고 난

뒤, 메디나의 하얀 벽을 따라 구석구석 걸었다. 이곳이 아프리카라기보다는 오히려 그리스의 어느 조그만 한 섬의 마을을 걷고 있는 것 같은 느낌이 들기도 하였다. 하얀 칠을 한 벽에는 곳곳에 벽화가 그려져 있었다. 벽화 속에는 꽃, 인물, 어린아이들, 그리고 풍경들이 많았다. 여름철에 열린다는 국제 문화축제 때가 되면 더 많은 벽화가 그려지고 마을 전체가 미술관으로 변한다고 한다. 그 광경이 어떨까 궁금하기도 했지만 나는 지금 이대로가 좋은 것 같았다. 푸른 바다와 파란 하늘, 그리고 하얀 집들이 서로 비집듯이 따닥따닥 붙어 있고, 바닷가에서 들려오는 파도 소리가 서로 어울려 마음속까지 잔잔한 행복감이 밀려오는 것 같았다.

어느새 대서양은 서서히 저녁노을에 물들기 시작하고 있었는데, 나는 불현듯, 아까 보았던 옥상이 떠올랐다. 그리고 빨리 골목을 돌아 숙소를 향해 서둘러 걸었다.

옥상에서 바라보는 바다와 하늘이 서서히 물들어가고, 그 광경을 바라보는 우리는 누구도 말하지 않은 채, 조용히 바라보고만 있었다. 드디어, 캄캄한 바다 속으로 불타던 태양은 사라지고, 먼 하늘만 아쉬웠는지 여전히 붉게 물들어 있었다.

우리는 길었던 여정을 무사히 마치게 해준 고마움, 그리고 이제 곧 보게 될 반가운 얼굴을 가슴에 담고 캄캄한 어둠 속으로 사라지고 있는 바다와 하늘을 바라보고 서 있었다.

온통 붉은 물감을 뒤집어쓴 마을, 그리고 칼로 벤 듯한 단층의 절벽이 내 앞을 가로막고 서 있다. 끝없는 수평선을 배경으로 출렁거리는 바닷가에 우뚝 서 있는 하얀 메디나와 성벽이 스치고 지나가며, 또 다른 마을이, 파란 마을의 좁은 골목길을 걷고 있는 내 모습이 다가왔다 사라지면서, 마조렐 블루의 강렬한 색깔이 빛나고 있는 사막의 오아시스가 나타난다. 그 광경이 너무나 아름다워 가까이 달려가려 했지만, 갑자기 누군가가 내 어깨를 두들기는 것만 같았다.

이어서 우리가 탄 비행기가 곧 착륙한다는 아나운스먼트가 들려왔다.

TUNISIA

튀니지, 흑진주를 찾아

튀니지로 향하며

튀니지는 한반도 면적의 4분의 3 정도이며, 북아프리카의 마그레브 3국 가운데 가장 동측에 위치하고 있다. 그리고 서쪽은 알제리, 남동쪽은 리비아 국경에 접하고 있다. 인구는 1,100만이 약간 넘는데, 현재의 인구 구성을 보면, 아랍인이 98%로서 거의 대부분을 차지하고, 원주민이었던 베르베르인과 페니키아인은 1%, 유럽인 및 기타 1% 정도를 차지하고 있다. 한편, 국토 면적의 40%가 사하라 사막, 23%가 농경지, 36.3%가 목초지, 기타 5.4%가 삼림지대이며, 1,300킬로미터에 달하는 지중해 해안선에 접하고 있어서 아프리카에서 가장 좋은 환경을 가지고 있는 국가다.

그러나 자연환경 외에, 튀니지의 두드러진 특징을 살펴보면, 이슬람 국가이면서도 돼지고기와 술을 금기시하는 다른 이슬람 국가와는 달리 쉽게 구할 수 있으며, 이슬람 국가의 휴일은 금요일이지만 튀니지에서는 유럽과 같은 일요일이다. 또한 여성의 지위가 주변 이슬람 국가들에 비하여 월등히 높으며, 종교의 자유가 허용되어 있을 뿐만 아니라, 학교에서 히잡의 착용을 금지하는 등 이슬람 국가 중에서도 가장 개방적인 국가이기도 하다.

01

튀니지는 아프리카 북단의 아틀라스 산맥을 잇는 마그레브 3국 가운데 가장 작은 나라이지만, 지정학적으로 아프리카는 물론 유럽 및 아랍, 아시아지역과 긴 역사와 문화를 공유하고 있는 나라다. 기원전 7000년 전으로 거슬러 올라가야 할 만큼 고대 인류의 흔적을 많이 찾아볼 수 있다.

이 땅에는 기원전 9세기 최초로 페니키아인들에 의하여 카르타고 제국이 건국되었다고 한다. 간단히 그 역사를 요약해보면, 카르타고는 포에니 전쟁에서 패함으로써 기원전 146년 멸망했다. 그 이후, 로마 시대가 계속되었으나 서기 439년 게르만계 반달족이 카르타고에 반달왕국을 세웠다. 그러나 7세기 이슬람교 아랍인들의 침략으로 아프리카는 이슬람 세계에 편입되어, 1574년 오스만 투르

크 제국의 지배를 받게 될 때까지 이슬람 시대를 맞게 된다. 1705년 투르크로부터 통치권을 쟁취하여 후세인 왕조를 창설하였으나, 1881년 프랑스와 맺은 바르도 조약에 의하여 식민지 통치를 받게 되었다.

이상의 과정에서 보듯, 튀니지는 근대에 이르기까지 2000년이 넘도록 로마, 반달, 아랍족, 터키의 오스만족, 프랑스 등 오랫동안 다른 나라의 지배를 받아왔다.

1908년 민족주의 독립운동이 시작되면서 튀니지는 1956년 독립을 맞이하게 된다. 그러나 독재정치로 인한 장기간의 정치, 사회, 경제적 혼란을 겪었고, 결국 2011년 자스민 혁명이라고 불리는 시민혁명의 발발과 함께 현재에 이르기까지 민주화의 길을 걷고 있다.

튀니스에 도착하던 날

화창한 여름 날씨였다.

로마에서 사흘을 보낸 다음 날 새벽, 그녀와 나는 한니발(Hannibal)의 도시, 3000년의 역사도시, 튀니스행 비행기에 올랐다.

막상, 이제 가는구나 하고 생각하자, 늘 신경이 쓰였던 일이 새삼스럽게 다시 떠올라 머릿속을 어지럽혔지만 그렇다고 달리 방법이 있는 일도 아니었다. 나에게 걱정거리가 두 가지가 있었는데, 하나는 그녀와 함께 이슬람 국가의 오지를 여행한다는 불안감이고, 다른 하나는 통신 문제였는데, 우리나라와 통신협정이 맺어져 있지 않은 데다, 특히, 튀니지 남부로 여행할 때 와이파이를 사용할 수가 없는 일 때문이었다. 그래서 나는 튀니지 공항 로비를 빠져나오기 전에, 핸드폰의 유심 카드를 현지 것으로 교환해뒀고, GPS 어플을 두 개씩이나 미리 깔아두었지만, 오지에서 어떻게 기능할지 알 수 없는 일이었다.

미리 예약해둔 렌트카를 인수하러 갔다. 내비게이션이 차에 설치되어 있을까 의심스러워하며, 렌트카 업체 직원이 이끄는 대로 공항 주차장으로 갔다. 그리고 그곳에서 직원이, 이 차가 당신을 위한 차라고 가리켜주는 차 앞으로 가까이 다가갔다.

여행 기간 내내 운전해야 하는 차량이었으므로, 나는 차량의 상태를 자세히 살펴보기 시작했다. 순간, 불안했던 예감이 적중했다. 내비게이션은 물론, 자동차의 잠금장치가 허술한 데다 차량 전체가 구겨진 것처럼 여기저기 찌그러진 자국이 보였다. 더구나 트렁크는 일그러져 속이 들여다보이는 상태였다.

　나는 곧바로 단호하게 차량 인수를 거절했다. 그랬더니, 다른 차를 보여주겠다고 했다. 나는 어쩔 수 없이 다시 그를 따라갔다. 그리고 이번에는 차량 여러 대가 주차되어 있는 곳으로 데리고 가더니, 은색 차를 가리키며, 이 차밖에 없다고 말하는 것이었다.

　그가 가리키는 차 가까이 다가가 다시 자세히 들여다보았지만, 조금 전 보았던 것보다 별로 나은 것 같지 않았다. 그때 직원은, 두 차량 중에서 선택해야 한다고 말하는 것이었다. 조금도 미안한 기색 없이, 뻔뻔스럽기만 한 그의 말씨가 어처구니없었지만, 아무런 말도 할 수가 없었다.

　공항 밖 햇볕은 뜨겁기만 했다.

　커다란 트렁크를 길가에 놓아둔 채, 렌트카 문제로 옥신각신하고 있는 상황이 — 그것도 여행의 첫날부터 — 엄청 짜증이 났다. 더구나 자꾸만 불안한 예감이 밀려와서 지금부터라도 다른 교통수단 — 버스나 기차 등으로 바꿀까 하고도 생각해봤지만, 일일이 트렁크를 들고 다녀야 하는 게 더 힘들 것만 같았다. 또한, 다른 렌트카 업체를 찾아볼까도 생각하였지만, 그저 비슷한 상황이었다.

　그렇게 망설이고 있던 차에, 곁에서 지켜보고 있던 그녀가 나에게 말했다. 일단 트렁크를 잠글 수 있는지 먼저 살펴보자고.

　결국, 내키지 않았지만 나중에 보았던 차로 결정하는 수밖에 없었다. 짐을 싣고, 부디 다른 트러블이 생기지나 말았으면 하는 심정으로 공항 주차장을 떠났다. 마음을 진정시키며 여행에 필요한 식품과 물을 구입하기 위해 시내에 있는 대형 마트를 찾아갔다.

공항 주차장에서 나오자, 왕복 10차선 도로와 8차선 도로가 만나는 T자형 교차로가 보였다. 분명 양방향 도로인데 교통신호기, 중앙선이나 차선, 그리고 분리대는 물론 교통경찰까지 아무것도 없었다. 그런 상황에서 서로 우회전을 하려는 차들로 도로는 완전히 패닉 상태였다.

나는 순간적으로 도저히 빠져나갈 수 없을 것 같다고 생각했다. 렌트카 역시 막 공항에서 몰고 나온 터에, 클러치나 액셀러레이터가 익숙하지 못해 충돌할 것만 같은 상황을 피해 나가기가 마치 곡예를 하는 것이나 다를 바 없었다.

이미 관광 안내 자료에서 출퇴근 시간의 도로교통이 아비규환이 된다는 내용을 읽었지만, 모두 먼저 가려고 차 머리를 아슬아슬하게 서로 내밀고 경적을 울리고 있었는데, 이미 내가 탄 차는 밀려드는 패닉 속으로 들어가고 있었다. 그리고 나도 모르게 다른 차들을 따라서 움직이고 있었는데, 나는 지금도 그 속에서 어떻게 무사히 빠져나왔는지 아찔한 생각이 든다.

북아프리카 최초의 모스크를 찾아서

물과 몇 가지 비상용 먹거리를 구입한 다음, 곧바로 복잡한 시가지를 벗어나 고속도로를 달리기 시작했다.

첫 번째 목적지인 카이루안(Kairouan)까지는 고속도로 A1(African Highway 1)으로 두 시간 남짓 소요되며 거리는 대략 166킬로미터 정도 된다고 한다. 도로변의 올리브 나무 숲이 차창 밖을 스치며 지나가고, 지중해 연안을 달릴 때는 파란 하늘 아래 평야에는 이름 모를 작물이 자라나는 경작지가 푸르게 펼쳐져 있었다. 한 시간쯤 달렸을까, 카이루안이라고 쓰인 팻말을 따라 이번에는 국도(P2)로 바꿔 달렸다.

고속도로와는 달리 국도변에는 간이 주유소, 타이어 자동차 수리점, 간이음식점 등이 마을을 지날 때마다 보였는데, 특히 수박이며 딸기, 올리브, 멜론 등을 산더미처럼 쌓아놓고 있었다. 마을을 지날 때는 나뭇잎이 무성한 큰 나무들이 짙은 그림자를 드리우고 있어서 어두운 터널 속을 지나가는 듯했다. 차창 밖으로 마을 사람들이 그늘 아래 모여앉아 있는 모습이 무척 한가하고 평화스럽게 보였다.

이 지역은 여름철 비가 오지 않고, 태양볕은 뜨거워서 과일은 특별히 당도가 높고 맛이 유별나다고 했는데, 특히 올리브는 지중해 연안 나라들 가운데 가장 품질이 좋다고 한다.

비록 운전 중에 본 여러 가지 풍경이기는 하였지만, 그 가운데는 옛 우리의 시골마을을 연상하게 하는 풍경도 있어서 정겹게 느껴지기도 했다. 그렇게 여러 마을을 지나자, 서서히 차창 밖 풍경은 메마른 반사막 지역으로 변했다. 흙과 모래가 흩날려 뿌옇고 한산한 도로에는 가끔 루아지(louage)들이 나타나 무척 빠른 속도로 차를 추월하곤 했다.

어느덧 목적지에 가까웠는지 가끔 벌판에 조그만 흙집이 자주 보였는데, 저 멀리, 흙과 모래뿐인 메마른 벌판과 파란 하늘 사이에 마치 하얀 붓으로 줄을 그어놓은 것처럼 길게 도시의 윤곽이 나타나 있었다.

시가지로 들어서자, 이곳저곳 흙먼지가 휴지 조각과 함께 바람에 흩날리고 있는 거리에는 하늘에서 쏟아지는 뜨거운 열기를 피해 모두 어디로 사라졌는지 인기척이라고는 찾아볼 수가 없었다.

호텔은 신시가지의 한복판에 있어서 쉽게 찾을 수 있었다. 입구의 높은 철책 문의 양측으로 늘어선 나무들과 그 사이에 피어 있는 짙은 원색의 꽃나무를 지나 호텔의 현관이 있었지만, 그때까지 한 사람도 보이지 않았다. 프런트 앞에서, 누구 없느냐고 큰 소리로 말하자 그때서야 직원인지 아닌지 구별이 되지 않는 평상복 차림의 남자가 나타나 겨우 체크인을 했다.

호텔은 휴양지의 리조트 같은 곳이었는데, 부지가 넓고 잘 가꾼 정원과 풀장, 그리고 주차장의 둘레에 야자수가 울창했다. 이런 시골에 꽤나 고급스럽다고 생각했지만, 짐을 방까지 옮기고 호텔 주변을 다시 둘러보아도 여전히 한 사람도 보이지 않았다. 해가 저물면 어떻게 되나. 순간 불안한 생각이 들기도 했지만, 또 한편으로는 묘한 느낌이었다.

나는 주차장에 세워둔 차를 끌고 시내로 나갔다.

카이루안은 서기 670년에 북아프리카에 이슬람교를 들여 온 아랍인들에 의하여 최초로 세워진 왕조의 수도였던 곳이다.

이 도시는 이슬람교도들의 성지로서 메카, 메디나(사우디아라비아의 도시), 예루살

렘에 이어 네 번째 성지이기도 하며, 북아프리카에서 가장 오래된 이슬람 도시로서 한때 300여 개의 사원이 있었다고 하는데, 지금도 시내 곳곳에는 100여 개의 모스크가 있다고 한다.

시내로 나가자, 여러 갈래로 뻗은 도로가 한곳으로 합쳐지는 중심지에는 메디나(구시가)와 이슬람 사원이 있고, 그 둘레를 순환도로가 지나며 방사선 형태로 뻗어 있는 여섯 개의 도로를 이어주고 있었다. 말하자면, 메디나와 사원이 도시의 한가운데 위치하고, 여섯 개의 도로가 방사선 모양으로 각각 뻗어 있었다. 또한 메디나와 사원 밖으로 신시가지가 형성되어 있었는데, 시가지는 지금도 계속 확장되고 있는 것 같았다. 어림잡아 도보로 한 시간 정도면 시가지의 중심지를 돌아볼 수 있을 것 같았다. 도시의 외곽에는 올리브와 각종 채소, 과일을 재배하는 농경지가 도시 전체를 둘러싸고 있었다.

대충 시가지 중심 지역을 둘러본 후, 대사원(Great Mosque)으로 갔다. 다행스럽게도 기도실을 제외한 사원 내부 대부분을 일반인들에게 공개하고 있어서 표를 사서 사원 안으로 들어갔다.

카이루안의 대사원은 여러 번 개축되었으나, 아글라브 왕조의 지야다트 알라에 의하여 현재의 형태로 지어졌다고 한다.

사원은 세로 135미터, 가로 80미터의 직사각형이며 그 둘레에 성처럼 높은 담을 쌓았고, 사원 내부의 3분의 1을 차지하는 기도실에는 대리석과 암석으로 된 414개의 기둥이 천장을 받치고 있다고 했지만, 실제 그 전모를 볼 수는 없었다.

대신에 회랑에 세운 열주의 양식을 자세히 살펴보려고 했을 때, 관리인이 나에게 다가와서, 문 닫을 시간을 알려주고 갔다.

나는 사원을 나와 메디나를 향해 걸어갔다. 재래시장(Souk)으로 이어지는 길가에는 카이루안의 특산품인 카펫 가게, 기념품 기타 토속적인 물건들을 파는 가게들이 줄지어 있었지만, 뜨거운 햇빛 때문인지 오가는 사람들은 별로 없었다.

다시 호텔로 돌아오자, 정말 긴 하루가 실감되었다. 그리고 아, 여기까지 왔구나 하는 안도감으로 마치 구름 위에 누운 것처럼 포근했다. 언제 잠이 들었는지 모르게 튀니지에서의 첫밤을 보냈다.

멀리 닭 울음소리, 새들이 지저귀는 소리가 귓가에 들려왔다.

오늘은 무척이나 먼 길을 가야 했다. 하지만 어제 미처 보지 못했던 대사원을 다시 둘러보고 싶었다. 적당히 아침을 먹고 난 다음, 나는 짐을 정리해서 차에 싣고는 곧바로 사원으로 갔다.

대사원은 높은 담으로 둘러싸여 있는데, 입구를 들어서면, 정면에 3층 첨탑의 미나레트와 넓은 마당이 있고, 그 한가운데 조그만 분수대가 있었다. 그리고 마당을 ㄷ자 모양으로 둘러싸고 있는 회랑, 그리고 회랑의 지붕을 받치고 있는 열주는 짙은 그림자를 드리우고 있었다. 특히 기도실과 출입문 앞에 여러 겹으로 서 있는 열주들은 길이, 색상, 양식이 모두 달랐는데, 그것을 유심히 보면, 미리 제작한 것이 아니란 사실을 쉽게 알 수가 있었다. 모두 옛 로마의 유적지에서 가져온 것이라고 누군가가 말해주었다.

그리고 마당 끝에 미나레트가 눈부시게 파란 하늘을 배경으로 우뚝 서 있는 모습은 이슬람의 신앙과 권위를 상징하기에 충분하다는 느낌이 들었다. 나는 혼자 회랑을 따라 걸어보았다. 사막 지대여서 그런지 건물의 음영이 강하고 하늘마저 맑아 모든 것이 매우 선명하게 보였다. 나는 회랑을 걷다가 기도실 문이 약간 열린 틈 사이로 기도실 안을 들여다보았다. 외부로부터 들어오는 빛이 없어 실내는 무척 어두워서 먼 곳까지 볼 수가 없었지만, 낡은 돗자리와 빛이 바랜 양탄자가 바닥에 깔려 있고, 회랑의 기둥보다 더 화려한 열주가 나란히 서 있는 모습은 높은 실내 천장과 더불어 한층 엄숙하고 신성한 분위기가 느껴지는 듯했다.

또한 천장에 매달려 있는 노란색 글라스의 커다란 샹들리에는 멀리 로마에서 가져온 것이라고 했다.

나는 회랑의 둥근 대리석 기둥에 기대서서 미나레트를 쳐다보며, 어떻게 천 년이 넘도록 버티며 서 있을 수가 있었는지를 한참 동안 생각하고 있었다. 수만 명이 모여 기도를 하는 대규모 사원도 아니며, 화려하게 치장한 사원도 아닌, 그저 있는 그대로의 재료를 자연에서 얻어 풍토적인 자연환경과 조화하는 사원이 나에게 더 친근하게 다가오는 것만 같았다. 마당의 한가운데 서보면, 시간이 멈춘 듯 적막함이 온몸에 스며드는 것 같은 느낌이 들었다.

02

이슬람 건축은 사원인 모스크가 대표한다. 모스크는 꿉바(Qubba)라고 부르는 둥근 돔과 미나레트(Minaret)라고 부르는 첨탑이 중요한 구성요소이다.

돔은 평화를 의미한다. 그리고 그 끝은 초승달로 장식하는데 초승달은 샛별과 함께 이슬람의 상징이며, 진리의 시작을 의미한다. 첨탑은 하루 다섯 차례의 예배 시간을 알리기 위해 아잔을 외치는 장소이며, 이방인들에게 모스크의 위치를 알려주는 역할을 한다.

돔과 첨탑이 외관은 화려하고 웅장하게 보이게 만들지만, 반면 사원 내부는 극히 단순하고 검소하다. 돔을 받치는 내부는 기둥이 없는 넓은 공간으로 카펫이 깔려 있을 뿐이며, 메카의 방향을 나타내는 곳(미흐랍)을 한쪽 벽면에 아치형으로 만든다. 따라서 어느 곳에 있는 사원이든 메카의 방향으로 모스크가 건립된다. 한편 여성들을 위한 공간은 모스크 양측이나 뒷면, 혹은 2층에 두지만, 보통은 칸막이나 커튼을 사용한다.

모스크 내부의 장식에서 특이한 것은, 사람이나 동물상은 물론, 그림이 전혀 보이지 않는다는 점이다. 그 이유는, 인간에 의해 만들어진 조각이나 그림은 자칫 잘못하면 우상 숭배에 빠질 수 있다고 생각하기 때문이다. 그 대신, 아름다운 문양의 아랍어 코란 장식뿐만 아니라, 아라베스크(Arabesque)의 기하학적 꽃문양이 모스크의 벽면을 화려하게 장식하고 있다.

오아시스 도시, 토주르

정오가 가까워서야 사원을 뒤로하고, 튀니지 남서부의 토주르(Tozeur)로 향했다. 흙먼지를 덮어쓴 도로변의 올리브나무, 키가 큰 선인장이 빠르게 차창을 스치며 지나갔다.

카이루안을 떠난 지 한 시간쯤 지나서부터 높은 산들이 보이기 시작하고 메마른 모래 들판뿐인 풍경으로 바뀌었다. 아마도 사막화가 본격적으로 진행되고 있는 지역 같았고, 사람들이 필사적으로 그것을 막으려고 모래 구덩이에 심은 묘목들이 뿌리를 내릴 수 있을지 안타까웠다.

어느덧 카이루안을 떠난 지 두 시간이 넘어서야 국도와 나란히 달리는 철로 곁으로 시가지가 형성된 소도시 메틀라위(Metlaoui)에 도착했다. 나는 내일 셀자 계곡으로 가는 관광열차의 기차표를 예매하기 위해 메틀라위역으로 갔다. 셀자 계곡은 사하라 사막과 아틀라스 산맥의 서쪽 기슭에 있는 계곡인데, 이곳을 관광하기 위해서는 반드시 르자르 루주(Lezard Rouge, 붉은 도마뱀이라는 뜻) 열차를 타야 하기 때문이었다. 이 열차는 왕복 두 시간 정도 걸리며 하루에 한 번 운행한다고 했다.

그러나 이게 어찌 된 영문인지, 텅 빈 역에는 아무도 보이지 않았다. 당황스러웠지만 마침 역 앞을 지나는 사람에게 내일 셀자 계곡으로 떠나는 기차표를 사려고 한다고 했더니, 열차 운행이 중지됐다고 대답하는 것이었다. 한순간 어처구니가 없었지만, 차를 돌려 다시 토주르를 향해 달렸다. 차 속에서 나는 오히려 지금, 그 사실을 알게 된 것이 천만다행이라는 생각이 들었다.

완연히 사막으로 달라진, 풀 한 포기 없는 황량한 산길을 달렸다. 그리고 도중에 제법 많은 집들이 모여 있는 오아시스 마을을 지나기도 했지만, 마을에서 사람을 볼 수가 없었다. 카이루안을 출발할 때는 도착 시간을 예측하기 어려웠지만, 다행히 훤히 밝은 시간에 토주르에 도착했다.

토주르에 도착하자마자 곧바로 예약해둔 호텔을 찾아갔다.

길에는 사람들, 자동차, 리어카 등이 서로 바쁘게 오갔다. 그러한 도시의 풍경이 그녀와 둘이서 떠나온 여행에 얼마나 위안이 되었는지 모른다. 다행히 예약해둔 호텔은 메디나에서 가깝고 호텔들이 모여 있는 신시가지 뒷골목에 있었는데, 조용하고 아담한 2층 건물이었다.

풀장이 내려다보이는 2층의 큰 방을 정해주었는데, 창문을 열면 여러 가지 색의 꽃에 둘러싸여 있는 풀장이 내려다보이고, 그리고 그 너머 건천이 흐르고, 건천을 따라 울창한 야자수 숲이 병풍처럼 모래바람을 막아주고 있는 듯했다. 숲은 울창하여 안을 들여다볼 수가 없을 정도였는데, 바람이 불 때마다 길게 늘어뜨린 잎들이 서로 부딪히는 소리가 스산하게 들려왔다.

토주르에 있는 동안 '라마단' 기간이었다. 오늘은 저녁식사를 호텔에서 먹기로 하고 주인 아저씨에게 메뉴를 물었더니, 어린 양고기 스테이크를 추천했다.

식당은 건물 안에 따로 있었지만, 풀사이드에 빨간 천으로 덮은 테이블을 놓고 식사 준비를 해주었는데, 해가 지기 시작하자 시원한 바람까지 불어왔다.

튀니지에 도착한 후, 처음으로 만나는 튀니지 사람들 ― 남부의 거친 사막도시에서 만난 주인 부부의 다정한 표정에서 여행의 편안함을 느꼈다.

창문 사이로 들어오는 빛이 눈부시게 밝았다.

창문을 열고 상쾌한 아침 공기를 가슴속 깊이 들이마셨다. 그리고 창가에서 고개를 내밀어 멀리 좌우의 건천을 쳐다보았다. 나중에 주인 아저씨에게 들었지만 건천을 따라 서 있는 야자수는 모두 대추야자라고 했다. 그리고 토주르에는 거의 도시의 면적만큼이나 넓은 야자수 숲이 있다고 했는데, 그 수가 무려 20만 그루가 넘는다고 했다. 그래서 나는 다시 물었다. 그러면 그렇게 많은 야자수를 키우려면 물은 어떻게 하느냐고. 아저씨의 대답은, 숲에는 200여 개가 넘는 오아시스가 있고, 그 때문에 예전부터 사막 여행의 휴식처가 된 도시라는 것이었다.

말하자면, 토주르는 남서부 지역의 대표적인 오아시스 도시로서, 대추야자와 이색적인 꽃과 과실수가 자라는 사막의 파라다이스인 셈이었다.

그리고 이곳은, 고대 로마 시대부터 내륙 진출을 위한 주둔지였을 뿐만 아니라, 지중해 해안도시와 사하라 지역 간 무역의 중심지였으며, 캐러밴이 지나가는 길목이었던 탓으로 중계무역이 발달하였는데, 당시 그것으로 부를 축적한 엘 하데프(El Hadef) 가문은 지금도 구시가지에서 그 흔적을 찾을 수 있다.

산악지대의 오아시스 마을

토주르의 외국인을 위한 대표적인 관광 코스는 산악지대의 오아시스와 영화 촬영지, 그리고 인근에 위치한 소금호수와 야자수 숲이라고 아저씨가 설명했다. 나는 셀자 계곡 관광 대신, 인근에 있는 세 곳의 오아시스 — 체비카(Chebika), 타메르자(Tamerza), 미데스(Mides) — 투어를 부탁했다. 그녀와 나는 타고 왔던 차를 세워두고 투어 가이드와 함께 그의 차를 타고 떠났다.

호텔을 나와 국도로 들어서자, 멀리 아틀라스 산맥의 끝자락을 희미하게 보면서 뜨거운 햇빛이 쏟아지는 소금사막과 모래벌판을 한 시간쯤 달렸다. 셰비카까지는 대략 55킬로미터 정도의 거리라고 한다.

이 지역이 먼 옛날에는 바다였는지 하얀 소금이 모래 위에 눈처럼 쌓여 있었다. 차가 점차 산 가까이 달리면서 마을이 보이기 시작하고, 푸른 야자수 숲이 가까이 보이기 시작할 때쯤, 황토색의 벌거벗은 민둥산 아래 허물어져가는 흙집 앞에 차를 세웠다. 가이드가 오아시스 마을 체비카라고 했다. 그곳에는 이미 여러 대의 관광 버스가 주차하고 있었다.

차에서 내리자 관광객들이 타고 온 차들이 여기저기 아무렇게나 세워져 있었는데, 토주르에서는 볼 수 없었던 외국 관광객들이 이곳에 모두 모여 있는 듯 붐볐다.

가이드를 따라 허물어져가는 집들 사이를 지나 위로 올라가자, 흙과 돌, 바위뿐

인 붉은 민둥산이 나타났다. 나는 앞서가는 사람들의 뒤를 따라 좀 더 골짜기 가까이 갔다. 풍화암으로 형성된 골짜기는 오랜 세월의 흔적을 말하는 듯 지층의 속살이 선명하였다.

산 위쪽에서 내려오는 빗물이 급류가 되어 흘러내리며 지층을 깎은 듯, 온갖 모양의 계곡이 형성되어 있었다.

계곡과 계곡의 사이에는 물이 고여 호수를 이루었다. 그 둘레에는 야자수가 긴 잎을 늘어뜨리고 호수는 거울처럼 하늘과 구름을 비추고 있었는데 그 광경이 너무나 아름다웠다. 거친 황토색 협곡을 배경으로 야자수와 호수, 그리고 맑은 하늘이 모두 어울려, 그 전경은 아름다운 사막의 낙원 같았다.

가이드의 설명으로는, 체비카의 오아시스는 제벨 엘 네게브(Djebel el Negueb)라고 불리는 산의 기슭에서 동쪽을 향하여 뻗어 있으며, 옛 로마 시대에는 다른 인근 지역과 거울을 이용해서 교신하였다고 한다. 그리고 예부터 이쪽 지역은 주민들에게 위험이 닥쳤을 때 피난처로도 사용하였던 곳이라는데, 1969년에 내린 폭우로 마을이 황폐해졌다고 한다. 내려오는 길에 언덕에 서서 멀리 쳐다보았다.

곁에 있던 가이드가, 희미한 산맥의 그림자가 있는 저곳은 알제리의 사하라 사막이라고 말했다.

체비카를 떠나자 차는 계속 산속으로 들어갔다. 모퉁이를 돌 때마다 좌우로 심하게 쏠리면서 산꼭대기를 달렸다. 그리고 멀리 산 아래 방금 떠났던 체비카 마을이 보였다. 풍화암으로 된 산은 풀 한 포기 없는 아틀라스 산맥의 끝자락이라고 한다. 잠시 후, 차가 다시 산 아래 비교적 평탄한 곳을 달리자, 군데군데 대추야자나무와 오렌지나무가 보였는데, 야자수 숲이 울창한 마을 입구에 차를 세웠다.

가이드가 라 그랑드 카스카드라고 말하는 타메르자는 규모가 큰 산악 오아시스이다. 주변은 가파른 산악 지형으로 맑은 물과 샘이 폭포가 되어 계단식으로 흐르는데 대부분 사막으로 흘러 들어가지만, 마을에서는 이 물을 이용하여 대추야자를

비롯해 각종 작물을 경작한다고 했다. 그러나 어디서 물이 나와 끊임없이 흐르고 있는지 알 수가 없었다. 지금은 물이 4~5미터 위에서 떨어지고 있었을 뿐이었는데, 물이 워낙 귀해 이 정도에도 그랑드라고 부르는 것만 같았다.

대충 타메르자 오아시스를 보고 난 다음, 우리는 더욱 서쪽으로 이동하여 미데스 오아시스로 갔다.

타메르자에서 가까운 곳에 영화 〈스타워즈〉는 물론 스티븐 스필버그의 1981년 작 〈레이더스(Raiders)〉와 〈잉글리쉬 페이션트〉 촬영지인 미데스 협곡이 있다. 오아시스 물길을 따라 만들어진 계곡이 놀라운 풍경을 이루고 있었다.

미데스 협곡의 입구에는 관개수로를 이용한 대추야자와 오렌지 농장이 있는데, 관광객을 위한 작은 노점이 있을 뿐, 폭우로 무너진 마을은 폐허가 된 지 오래라고 한다. 산악 오아시스 투어에도 점차 빠져 관광객들의 발길이 많이 줄었다고 한다. 우리는 가이드를 따라갔다. 그리고 그가 가리키는 곳을 바라보았다.

협곡은 꽤나 깊었고 어디로 뻗어 있는지 끝이 보이지 않았다. 하지만 흙과 돌로 쌓여 있는 것처럼 보이는 단층은 보기에는 언제 무너질지 모르게 불안하기만 했다.

현지에서는 작은 그랜드 캐니언이라고 하지만, 여하튼 사막에서 보기에는 대단한 협곡인 것만큼은 사실이었다. 그리고 이곳은 알제리와 국경을 마주 보고 있어서 언덕 위에는 국경 초소가 있고, 사람들이 우리를 쳐다보고 있었다.

체비카, 타메르자, 미데스 등은 아틀라스 산맥에 자리잡은 산속의 오아시스 마을이며, 특히 미데스는 알제리와 국경을 맞대고 있는 곳으로 그 분위기가 관광객들에게는 사뭇 살벌한 느낌마저 들었다.

관광객의 시선으로 황량하기만 한 자연환경과 그 속에서 살아가는 사람들을 보면, 물의 소중함을 깨닫게 되고, 그들의 끈질긴 의지와 생활력에 감탄하고 놀랄 뿐이었다.

토주르의 거리

다음 날, 토주르의 메디나를 오후에 다녀오기로 하고, 토주르에서 약 40분을 달려 옛날 로마 시대 로마군의 주둔지였던 나프타(Naftah)로 갔다. 이 도시는 영화 〈스타워즈〉 촬영지로 가는 길목으로 알려져 있었지만, 곧바로 옛 주거지와 메디나를 찾아갔다.

천 년이 넘었을 건물은 여전히 옛 모습을 보존하고 있었는데, 토주르를 포함하여 이 지역의 건물들은 지중해 연안의 하얀 도시, 하얀 메디나와는 달리, 투박하고 거친 모래로 벽돌을 쌓아 지은 것이다. 벽돌쌓기의 기교가 뛰어나고 건물 외관의 장식이 훌륭하였다. 또한 벽들의 면과 선이 오랜 시간이 지났는데도 얼마나 옛 모습을 그대로 유지하고 있는지 놀라울 뿐이었다.

지금도 누군가가 살고 있는 건물들은 증개축으로 인하여 훼손된 곳들이 있었지만 그나마 잘 보존되어 있었다.

다시 차를 돌려 토주르로 돌아가려고 했을 때, 멀리 알제리의 사하라 사막이 눈에 들어왔다.

마트마타로 가는 길

　토주르의 메디나는 지금 묵고 있는 호텔 근처에 있어서 언제든지 갈 수 있었다. 그래서 나프타를 다녀온 다음, 곧바로 메디나로 갔다.

　대상들의 도시였던 만큼 상업이 발달하였던 토주르의 메디나는 부유한 도시답게 전통적인 건축물들 모두 독특한 외관을 하고 있었다. 조금 전 나프타의 옛 주거에서 보았던 것처럼, 특히 벽돌을 쌓는 기법과 기교는 다른 지역 건물에서는 볼 수 없는 독특한 방법이었는데, 투박하면서도 섬세한 외관은 지중해 연안의 메디나와는 판이하게 달랐다.

　특히 하데프 가문이 살았던 지역에 가면, 좁은 골목을 사이에 두고 14세기에 흙으로 구운 벽돌을 이용하여 꾸며진 정교하며 우아한 전통적인 문양을 볼 수 있다. 지그재그식의 기하학적인 느낌의 패턴은 옛 골목에 또 다른 느낌을 갖게 해준다. 그것은 다른 지역에서는 도저히 볼 수 없는 아름답고 독특한 건축 기법이었다. 그리고 벽돌담을 따라 걷다 보면, 이방인들로 가득한 메디나와는 다르게 전통 젤트 모자를 쓴 노인들이 골목을 한가롭게 걷고 있었다.

　호텔의 주인 아저씨가 말한 것처럼, 토주르의 근교와 시가지를 둘러보았지만, 이곳은 지중해의 바람이 닿지 않는 곳이며, 대추야자수 숲에 둘러싸여 있는 오아시스의 땅이었다. 그래서 흙과 모래, 물에 더 가까운 사람들, 겉으로는 거칠고 투박하지만, 화려하지는 않아도 이슬람의 율법에 순종하며 소박하고 정직하게 살아가는 사람들이 살아가는 곳이었다.

조용한 시골에서 벌써 사흘을 보냈다. 하루하루가 귀중한 체험이었고 소중한 시간들이었다. 나는 다음 목적지인 마트마타(Matmata)로 향했다.

마트마타로 가는 길의 도중에는 쇼트 엘 제리드라고 부르는 소금사막을 지나야 하고, 케빌리 마을과 사막 관광을 위한 두즈(Douz)가 있다. 특히 사하라의 가장 넓은 소금호수인 쇼트 엘 제리드는 동쪽의 쇼트 엘 페잘(chott el Fejal)과 서쪽의 쇼트 엘 가르사(chott el Gharsa)까지 합쳐 그 넓이가 총 7000평방킬로미터에 달한다.

토주르를 떠난 나는 좌우로 울창한 야자수 숲과 하얀 소금사막을 보며 달렸다. 그러나 얼마 가지 않아, 이번에는 우회전하며 차의 방향을 바꾸자마자, 하얀 소금사막을 가르듯, 끝이 보이지 않는 길이 뻗어 있었다. 그 길은 마치 지평선으로 사라지듯 뻗어 있었다.

이런 놀라운 광경을 상상조차 한 적이 없는 나는, 나도 모르게 자세를 고쳐 앉았다. 핸들을 잡은 손에 땀이 고였다. 달리고 달려도 똑같이 보이는 길, 어느 순간에는 눈 위를 달리는 듯, 또 어느 순간에는 구름 위를 달리는 듯, 놀랍고 신기한 광경이었다. 잠시 차를 세우고 차에서 내려 주위를 바라보았다.

소금사막은 길과 함께 하늘과 맞닿아 지평선으로 사라지고, 멀리 사막의 열기를 받아 아지랑이가 피어오르고 있었다.

언뜻 볼리비아의 우유니 소금사막이 생각났다. 그리고 만일 이곳에 비가 내려 호수로 변한다면 어떻게 보일까 생각하며 다시 핸들을 잡았다. 그 끝을 향하여.

오베르주를 찾아서

두즈는 모래사막 여행이 시작되는 기점이다. 매년 국제 사막 페스티벌이 열리며, 여러 가지 행사를 하고 있는 곳이다. 사막의 일출과 일몰을 보고 싶다면, 베두인족의 텐트에서 사하라의 고혹한 석양과 일출을 감상하기 좋은 곳이다. 왜냐하면 관광객들이 더 이상 남쪽으로 멀리 가지 않아도 될 만큼 여러 가지 편의 시설을 갖추고 있기 때문이다. 두즈는 제법 큰 도시였다. 길거리에는 차들이 즐비하고 오가는 사람들로 붐비고 있었는데, 아마 지중해 연안으로 가는 교통의 요충지인 만큼 도로변에는 공공건물처럼 보이는 건물들이 많았다.

마트마타로 가는 길은 두 가지였는데, 그중 하나는 차량의 통행이 많은 포장도로인데 멀리 돌아가야 한다. 반면, 다른 하나는 지방도이며, 좁은 비포장도로인데 아예 푸른색은 볼 수가 없는 길이었다.

두즈를 벗어나자 광활한 평야가 펼쳐지고, 좌우로 보이는 것이라고는 흙과 모래와 돌, 그리고 그 사이사이에 억척스럽게 붙어 있는 앙상한 풀포기뿐이었다. 길 옆으로 드문드문 콘크리트로 만든 전봇대가 서 있었다.

마트마타까지는 한 시간 반 정도 걸릴 것으로 예상했는데, 한 시간이 넘도록 달려도 마주치는 차량도 사람도 없고, 움직이는 것이라고는 간간이 나타나는 양 떼나 낙타의 무리 외에 아무것도 없었다. 나는 무서우리만치 뜨겁게 달아오르는 사막의 열기로 인해 행여나 차에 이변이 일어나지나 않을까 하는 두려움이 앞섰다. 그렇게 마음 졸이며 긴장하는 사이, 차는 산길로 들어서고 있었다.

마트마타까지 7~8킬로미터쯤 남았을까, 힘들게 오르막 산길 어느 모퉁이를 돌아서 막 산의 정상 부근에 다다르자, GPS가 서울에서 이미 예약해둔 호텔의 위치를 가리키고 있었다. 위성지도에서 보았던 마을의 모습이 기억났다.

나는 일단 빈터에 차를 세우고, 차에서 내려 사방을 둘러보았다. 저곳을 내가 어떻게 올라왔을까 싶을 정도로 발아래는 산, 산, 그리고 산이 이어지는 끝없는 사막이었다. 그리고 길 위쪽으로는 허물어져가는 돌담과 돌무더기 사이에 집들이 서로 다닥다닥 붙어 있는 마을이 있었다. 그러나 그럴듯한 건물은 보이지 않고 물어볼 사람조차 찾을 수가 없었다. 마침 길 건너 조그만 노점상을 발견하고 그쪽으로 뛰어갔다. 그에게 호텔 이름과 주소를 보였다. 그는 손가락으로 방금 내가 내려온 길을 가리키는 것이었다. 다시 마을로 올라가며 한 집 한 집 자세히 살펴보았다. 여기에 허물어져가는 집들과 굴러다니는 돌덩어리, 흙먼지가 흩날리는 이런 곳에, 그렇게 멋진 호텔이 있을 수가 없다고 생각했다. 예약을 잘못한 것만 같았다. 그러나 어찌 되었든, 일단은 집집마다 유심히 보며 위로 올라갔다.

길에서 5~6미터 안쪽으로 움푹 들어간 골목 끝에 녹이 슨 철문이 있었는데, 그녀가, 여기 호텔 이름이 있어요, 라고 말했다. 설마 하며 가리키는 곳을 쳐다보았다. 그리고 문에 흐릿하게 쓰여 있는 호텔 이름을 보았다. 그녀는 문을 두들겼다.

조금 지나자, 인기척과 함께 문이 열리며 어떤 여자가 나타났다. 우리는 호텔 이름을 말하고, 이곳이 호텔이 맞느냐고 물었다. 그 여자는, 그렇다고 대답하는 것 같았는데 아랍어인지 프랑스어인지 알아들을 수가 없었다. 일단 차에서 짐을 내리려 하자, 중년의 남자가 나타나더니 유창한 영어로, 우리들이 찾고 있는 호텔이 이곳이지만, 지금은 체크 인 시간이 아니니 여기서 5킬로미터쯤 더 가면 마트마타니까 그곳에서 시간을 보내고 3시 이후에 다시 오라고 했다. 이런 곳에 호텔이 있다니……. 그 남자가 말하는 대로 할 수밖에 없어 우리는 차를 몰아 마트마타로 갔다.

03

　지하마을 마트마타(Matmata)는 1969년 이 지역에 22일간 폭우가 계속되었을 때 한 남성의 구조 요청에 의하여 세상에 알려지게 되었다고 한다.

　학자들은 조사를 통해 이 마을이 무려 천 년 전에 형성되었으며, 지하에 마을을 만든 것은 지역적 특성상 뜨거운 태양을 피하기 위해서일 것으로 추정했다. 마을의 각 집들은 깊게 판 웅덩이의 벽에 동굴처럼 구멍을 파서 각각의 방을 만든 후, 그 방들을 서로 연결하는 형태였다. 또한, 지하마을은 신기하게도 층별로 나뉘어져 있었는데, 학자들은 비가 조금이라도 많이 내릴 경우, 침수될 위험이 컸기 때문에 집의 주거공간을 1층, 2층으로 나누어놓고 1층이 물에 잠기더라도 식량에 피해가 가지 않도록 2층에 보관했을 것으로 추정했다.

집을 땅속에 만든 가장 큰 이유는, 한낮 기온이 50도에 육박하고 밤이면 급격히 낮아지는 무서운 기후 때문이라고 했다.

이 마을이 세상에 알려지자, 유독 관심을 보인 사람이 있었는데, 그는 바로 영화 〈스타워즈〉의 감독 조지 루카스(George Walton Lucas Jr.)였다고 한다. 루카스 감독은 우연히 마트마타를 알게 됐지만, 마을의 특이한 구조를 본 후, 자신의 영화를 이곳에서 촬영하기로 결심했다고 한다. 아이러니하게도 수천 년 전에 지어진 작은 마을이 먼 미래를 배경으로 한 영화 속 배경이 된 것이다.

그 후, 마트마타는 관광지로 알려지게 되어 지하마을 중에서 일부는 관광객을 위한 호텔로 운영되었다. 그러나 여전히 마을이 누구에 의해 어떻게 만들어졌는지는 여전히 미스터리로 남아 있다.

마트마타에서 타타오이네까지

마트마타(Matmata)에는 사막의 열기를 피하기 위해 땅굴을 파서 그 속에서 살고 있는 베르베르족의 거주지가 있다. 약 10분을 달려가자 마을이 나타났다. 이미 관광지로 널리 알려져 있는 탓인지 관광객을 상대로 하는 상점들이 즐비하였으나 길거리는 한산하기만 했다. 나는 차를 적당히 세워두고 우선 호텔 시디 드리스(Sidi Driss)를 찾아갔다.

이곳은 〈스타워즈 에피소드 4〉의 배경이 되었던 곳으로 관광객들이 가장 많이 찾는 곳이기도 하지만, 예전에 어느 사이트에서 세계 10대 이색 숙소 중 하나로 뽑혔을 정도로 알려져서 그런지 그 내부가 무척 궁금하였다. 호텔 안으로 들어가자 토굴방과 공동식당, 화장실밖에 없었고, 영화 〈스타워즈〉 촬영을 위해 설치해놓은 세트들이 아직도 그대로 있었다. 우리는 호텔의 내부를 둘러보며, 또 영화의 한 장면을 기억하면서 차도 마시곤 했지만, 이 호텔에 숙박을 예약하지 않아 무척 다행스럽다는 생각이 들었다. 그것은 벽에 동굴을 파서 객실을 만들었는데 도저히 자고 싶다는 의욕은 들지 않고, 오히려 무척 불편할 것만 같았기 때문이다.

지하마을을 둘러보기 위해 호텔 밖으로 나오자, 조그만 오토바이를 탄 남자가 다가왔다. 그는 우리들이 관광객임을 알아차리고 오토바이에 우리를 태워서 지하마을을 안내해주겠다고 나섰다. 나는 가이드 없이 돌아다닐까 생각했지만, 너무 날씨

가 뜨거운 데다 땅속을 파고 들어간 토굴집이라 지상에서는 보이지 않아 가까운 곳에 있으면서도 어디에 있는지 찾기 힘들 것 같아 조그만 오토바이를 타고 그의 안내를 받기로 했다.

그렇게 하여 여러 토굴집을 둘러보았는데, 공통적으로는 커다란 우물처럼 일단 둥글게 땅속으로 7~8미터 깊이로 파 내려간 뒤, 벽에 수평으로 다시 토굴을 파고 들어가서 필요한 방을 만든 방식이었다. 그리고 그 바닥에는 야자수와 꽃을 심어서 마낭으로 가꾸었으며, 둥글게 파내려간 원의 지름은 집집마다 다르지만 대략 6미터 이상은 되어 보였다. 또한 파 내려간 벽면에는 흙을 이겨서 바르고 그 위에 회를 칠한 집들이 대부분이었다. 토굴집의 입구에는 물고기와 손바닥 그림이 그려져 있고, 그것은 다산과 행운을 의미한다고 했다. 한 해의 강우량이 100밀리미터도 되지 않는다고 했다. 전체적으로 완만한 경사지에 마을이 조성되어 있었는데 그 면적이 엄청 넓게 퍼져 있어 보였다. 마을의 토굴집 중에는 사람이 살고 있지 않는 곳도 많았으며, 최근에 이르러, 토굴집 위의 지상에 새롭게 집을 짓는 곳이 늘고 있었는데, 점점 옛날과는 전혀 다른 마을의 풍경으로 변해가고 있는 모습이 안타깝게 느껴졌다.

우리는 내일 다시 오기로 하고 오후 3시를 넘겨서 다시 호텔로 돌아갔다.

돌아가는 차 속에서, 그녀와 나는 아무래도 호텔을 잘못 정한 것만 같아 마음 한구석이 편하지 못했다. 고생해서 이렇게 멀리 왔는데 하는 안타까움 때문이었다.

길가에 차를 세운 뒤, 대문을 두들기자 아까 보았던 셰프 옷을 입은 남자가 나타나서 대문을 열어주며 자기 소개를 하였는데, 이름은 패트릭이라고 하며, 프랑스 사람이라고 했다. 그런데 가까이서 보니 그는 노랑머리에 꽁지머리를 하고 있었으며 매우 밝고 유쾌한 사람 같아 보였다.

사실, 호텔이라고 하였지만, 녹슨 철문에 오베르주라는 프랑스어로 쓴 낡은 팻말만 보였다.

우리는 그가 안내하는 대로 철문을 지나 좁은 통로를 따라 들어갔다. 객실마다 통로가 따로 있었다.

그는, 아까 봤을 때와는 달리 친절한 표정으로 트렁크를 방으로 날라다 주며, 객실은 모두 세 개이며, 자기 혼자서 운영하고 있다고 말했다. 식당과 객실의 이용 방법을 일러주었는데, 인터넷으로 예약을 할 때만 하더라도 객실이 세 개라는 이야기도, 혼자서 운영하고 있는 호텔이란 이야기도 없어서 값비싼 큰 호텔로만 여기고 있었던 터라, 그가 하는 말이 다소 놀라울 뿐이었다.

짐 정리를 마치고 나니 모든 것이 새롭게 눈에 들어오기 시작하였다. 우리는 혼자서 운영하는 작은 호텔의 객실을 구경하기로 했다.

객실은 화장실, 거실, 침실이 하나의 공간을 이루고 있으면서도, 동시에 각각의 기능이 공간적으로 어느 정도 독립되어 있으며, 실내의 조명과 가구, 기타 장식품 등은 바깥에서 본 느낌과는 너무나 다르게 세련되고 고급스러웠다. 바닥에 깔려 있는 붉은 카펫은 실내의 여러 가지 오브제들과 어울려 고풍스러운 분위기를 더해주는 듯했다.

그녀와 나는 방 안 구석구석에 놓여 있는 물건들을 가까이 들여다보며 지극히 정성 들여 꾸민 실내의 분위기에 감탄할 수밖에 없었다. 그제야 그녀와 내가 여태까지 불만스러워했던 것이 잘못 생각한 것이었구나, 하면서 정말 이곳을 예약하길 잘했다는 생각이 들었다. 나머지 두 개의 객실 역시 모두 구경했다.

객실의 크기만 다를 뿐, 실내 분위기는 정말 훌륭했다.

방 안을 살피고 난 다음, 나는 창 — 창이 곧 문이기도 했지만 — 을 열고 밖으로 나갔다. 그녀와 나의 입에서 다시 한번, 저절로 탄성이 새어나왔다. 바깥으로 나가자 두 사람이 마주 보고 앉을 만한 넓이의 테라스에는 조그만 테이블이 놓여 있었는데 사방이 트여 있었고, 눈 아래로 돌과 바위, 붉은 황토색 흙과 모래, 그리고 풀포기가 끝없이 흩어져 있는, 전형적인 산악지대의 사막이 능선을 끝없이 뻗어 지평선에 닿아 있었다. 그 광경은 황량하고 참담했지만, 붉게 변해가는 하늘, 그 불타는 듯

한 노을과 함께 여태 보지 못했던 자연의 신비로움을 연출하려는 듯, 하늘은 서서히 짙고 강렬한 색으로 변해가고 있었다.

그녀와 나는 말없이 그 광경을 바라보았다. 건너편 지붕 위의 테라스에서 패트릭의 애견도 석양을 감상하고 있었다.

왜 여기까지 왔는지를 알 수 있을 것만 같은 무엇인가가 가슴으로 밀려오는 것만 같았다. 사막의 서늘한 바람이 불어와 한기를 느낄 때쯤, 때맞추어 패트릭이 부르는 소리가 들려왔다.

오픈 키친으로 된 부엌을 지나 식당으로 그를 따라 들어갔다. 그곳은 사람이 만들었다기보다는 자연 그대로의 동굴 속이었다. 직경이 15미터는 족히 되어 보이는 둥그렇게 생긴 공간이었는데 구석구석에는 와인병이 쌓여 있고 어디서 가져왔는지 모를 골동품들이 널려 있었다. 패트릭이 불을 켜자 동굴 속은 멋진 레스토랑이었다. 와인 저장고이며 어느 곳에도 없는 분위기 있는 바였다.

천장에 매달려 있는 커다란 등과 여기저기에 있던 조그만 조명등에 불이 켜지자 온갖 것들이 반사되어 반짝거리고, 짙은 그림자는 마치 동굴 속의 통로처럼 보여 신기한 기분마저 들었다.

자리에 앉자, 페트릭은 우리들 바로 곁에서 음식을 조리하기 시작했다. 코를 자극하는 냄새가 동굴에 퍼졌다. 그는 풀코스의 프랑스 요리를 그녀와 내 앞에 가져왔다.

어떻게 하여 이곳에 살게 되었느냐고 물었을 때, 그는, 여행을 왔다가 마트마타가 너무 좋아서 눌러앉게 되었다는 것과, 프랑스에서는 파리의 어느 식당의 셰프였다고 말했다. 그는 식사하는 동안 우리들 곁에 앉아 쉴 새 없이 말을 걸어왔다.

먼 나라의 오지에서 우리들만의 프랑스인 셰프를 만나 시간 가는 줄 모르게 즐겁고 맛있는 식사를 하고 와인을 마셨다.

이곳에서 보내는 오늘이 언제까지나 잊혀지지 않을 것만 같아 지나가는 시간이 아쉽기만 했다.

다음 날 아침, 작고 아름다운 호텔 — 르 오베르주(L'Auberge) — 을 체크아웃하고 차의 시동을 걸었다. 패트릭은 아쉬운 듯 우리들이 시야에서 사라질 때까지 서서 바라보았다. 언젠가 다시 만날 수 있기를……. 차는 어제 다녀온 마트마타로 향했다.

어제 미처 보지 못했던 토굴집과 주변의 경관을 다시 한번 둘러보고 난 다음, 이 지역의 중심적인 배후 도시인 메데닌(Medenine)을 경유하여 타타오이네(Tataouine)로 향했다. 마트마타에서 타타오이네는 대략 130~140킬로미터 거리이며, 두 시간 반 정도 소요될 것 같았다. 마트마타 시가지를 벗어났지만, 붉은 황토빛 흙과 모래뿐인 산악지대가 계속 이어지고 있었다. 경작지라고는 마을을 지나칠 때면 겨우 조금씩 보이는 정도였지만, 모래에 덮여 거의 불모지나 다름없어 보였다. 그 이후로는 아무리 달려도 좀처럼 차창 밖 경치는 달라지지 않았다.

그러나 메데닌을 지나자 지중해 연안에서 오는 차량들과 합류하는 탓인지 교통량이 많아지고 도로변에 펼쳐진 바둑판같이 정리된 경작지가 타타오이네까지 이어지고 있었다.

타타오이네에 이르러보니, 19번 국도와 지중해 방향에서 오는 C111번 도로가 서로 만나는 지점이 타타오이네의 중심지를 형성하고 있는 것 같았다. 그리고 도시 주변은 올리브나무나 야자수는 보이지 않는 사막지대로서, 시가지 변두리에는 작은 계곡들이 시가지를 따라 흐르고 있는 것 같았다.

크사르의 도시

오늘 묵을 숙소는 시가지가 끝나는 부근에 있었다.

체크인을 마치고 난 다음, 나는 곧바로 리비아 국경 가까이에 있는, 15세기경 베르베르인들의 요새였던 크사르 올레드 솔탄(Ksar Ouled Soltane)으로 갔다. 국도 19번 도로를 남쪽으로 내려갈수록 대지는 더욱 메말라지는 듯, 회오리바람에 흙과 모래가 하늘 높이 날아오르고, 푸른빛이라고는 찾아보기 힘든 사막지대인데도 도로변에는 허물어져가는 흙집들이 드문드문 있었다. 불과 30여 분을 달려, 척박한 황야한가운데 높이 솟아 있는 언덕 위에 외적의 침입을 막기 위해 주변을 높은 벽으로 둘러쌓아 밖에서는 그 모습을 알 수 없도록 한 크사르 올레드 솔탄에 도착했다.

구름 한 조각 없는 푸른 하늘을 배경으로, 2~4층 높이를 흙으로 쌓아올린 건물들이 오후의 뜨거운 햇살을 받아 오렌지빛으로 변한 모습은 한층 부드럽게 보이기까지 했다.

언덕 위의 요새인 크사르는 독특한 방식으로 만들어진 곡식 창고를 말한다. 외부로부터의 적을 방어하고 곡식을 보관하는 건물로 쓰였던 크사르는 15세기 베르베르인들이 외부의 약탈과 침입을 막기 위해 언덕 위에 견고한 흙벽돌로 쌓은 성채이다. 언뜻 보면 성채가 그리 견고하게 보이지 않을 수도 있지만, 다른 한편으로 마을의 공동체를 지키는 건물이라는 결속의 의미가 더 강했다고 한다. 크사르를 마을

한복판에 배치하여 공동 창고로 사용하며 주로 곡물이나 올리브유 등의 식량을 보관했다. 입구를 지나면, 대략 가로 50미터, 세로 30미터쯤 되는 마당을 중심으로 건물이 ㅁ자형으로 배치되어 있었다. 각 건물의 층수는 2~4층 정도이다. 그 특징을 자세히 살펴보면, 건물을 구성하는 단위를 구르파(Ghurfas)라고 하는데, 구르파의 크기는 일정하지는 않았지만, 그 높이는 2.5미터, 폭은 2.4미터, 길이는 4.5~6미터이며, 각 구르파의 출입구는 층수에 관계없이 모두 동일한 위치에 있었다. 그 다음으로, 지면에 접한 1층은 문제가 되지 않지만, 2층 이상일 경우의 진입을 위해서는 계단이 필요하였는데, 1층에서 2층은 외벽과 직각으로, 2층에서 3층은 외벽과 평행하게 계단을 설치하여 각 구르파 안으로 진입이 가능하게 하였다.

구르파의 천장이 반달 모양의 아치형이므로 크사르의 스카이라인 역시 둥근 아치 모양이 연속되는 형태를 하고 있어서 한결 부드럽게 보였다.

사실 인간이 살기엔 너무나 척박한 이 지역은 태양은 뜨겁고 물은 부족하여 외부의 침략이 잦았으며, 혹독한 주거환경은 이제 SF영화의 무대가 되었고, 밀려드는 관광객으로 인하여 정작 주민들은 새로운 마을을 찾아 떠난 지 오래되었다고 한다. 그래서 그런지 크사르에는 한낮의 무거운 적막이 흐르고 있었다. 이 지역의 크사르는 이곳 외에도 규모가 크고 작은 것들이 많이 흩어져 있으며, 크사르 하다다(Ksar Hadada)처럼 규모가 큰 크사르가 있는데, 이곳은 〈스타워즈〉에서 어린 루크의 집으로 사용된 곳이었다.

언덕을 내려와 이번에는 이곳과는 정반대 방향에 있는 셰니니(Chenini) 크사르로 갔다.

베르베르족은 유목민인 베두인과 달리 정착해서 사는 농경민족이다.

외적의 침입을 막기 위해서 산의 높은 곳에 거주지를 만들어 집단으로 생활했는데, 그중 가장 드라마틱한 경관을 보여주는 곳이 바로 셰니니였다.

예상하였던 대로 조금 전에 보았던 올레드 솔탄의 경우와는 크사르의 입지 조건이 전혀 달랐다. 셰니니는 험준한 산꼭대기에 있는 요새도시로서 산악지대의 황량하고 깊은 협곡 위에 자리 잡고 있었다.

산중턱에 자연적으로 튀어나온 커다란 바위를 지붕 삼고 동굴을 파서 집을 만들었다. 산꼭대기에는 곡물 창고인 크사르를 만들었는데, 벽은 흙과 돌로 만들고 그 위에 야자나무를 걸쳐 지붕을 만들었다고 한다. 산꼭대기에는 이곳의 상징적 건물인 듯, 하얀 모스크가 마을 한가운데 우뚝 솟아 있다.

특히 이곳은 재래 생활방식이 잘 보존되어 있는 대표적인 산악마을인데, 원래의 건설된 목적과 같이 외적들의 기습공격을 피하기 위해 해발 500미터 고지대의 두 산등성이 협곡 사이에 터를 잡고 있었다. 지금은 곡식 창고로 사용되지만, 예전에는 요새의 역할을 겸하고 있었다고 한다. 마을 전체가 2007년에 세계문화유산으로 지정되었다.

이번 여행의 클라이맥스라고 생각했었던 마트마타와 타타오이네 방문을 아무 사고 없이 무사히 마치고, 메데닌-가베스-스팍스로 가기 위해 타타오이네를 떠났다.

무척이나 건조하고 뜨거운 사막지대의 날씨에 몸과 마음이 지쳐가고 있을 때쯤, 시원한 지중해 바다가 보고 싶어졌다. 스팍스는 튀니지의 제2의 도시로서 상업과 무역의 중심이기도 하며 동부 해안지대에 접해 있다. 스팍스까지는 대략 320킬로미터이며, 국도로 달려 다섯 시간 정도 소요된다고 한다.

04

메데닌과 타타오이네 주변에는 300여 개의 수많은 베르베르족의 창고, 크사르(Ksar)가 있다.

크사르는 요새, 성 등으로 번역되지만, 메데닌과 타타오이네 주변의 크사르는 요새보다 주로 창고의 기능이 강하다. 사막의 마을에 크사르는 하나 이상 있기 때문에 300여 개가 넘었다면, 현재 남아 있는 것들만 하더라도 상당수가 된다. 크사르들은 서로 비슷하지만, 보존 상태나 쓰임새가 제각각이다. 대표적으로 많이 방문하는 크사르는 〈스타워즈〉 촬영지였던 크사르 올레드 술탄과 크사르 하다다이며, 그 밖에 호텔로 사용하고 있는 크사르 올레드데베니, 메데닌 시가에 있는 크사르 메데닌, 산정상의 황량한 풍경을 보여주는 크사르 줌마와 오아시스 마을의 크사르 하울레프, 교통이 좋은 크사르 메타뮤 등이 있다.

지중해 연안에 자리한 상업과 무역의 중심지이며 튀니지 제2의 도시, 스팍스 (Sfax).

타타오이네 시가지를 벗어나 국도 P1을 타고 우선 가베스로 향했다. 그리고 다시 A1 고속도로를 이용하여 스팍스로 향했다. A1 고속도로는 튀니지에서는 우리나라 의 경부고속도로 같은 역할을 하는 중요한 도로였다.

스팍스에 가까워지자, 빽빽하게 늘어선 집들과 활기찬 거리의 사람들, 엄청나게 밀려드는 차량들, 그리고 횡단도로를 건너는 젊은 여성들의 모습은, 지금까지와는 너무나 다른 별세계처럼 보였다. GPS 덕분에 쉽게 오늘 묵을 숙소를 찾았다. 호텔 카운터에서 젊은 여성이 맞아주었다.

사전에 도시의 전체적인 도로망을 보긴 하였으나 호텔에서 얻은 간단한 지도를 살펴보자 도시는 꽤나 복잡한 도로망으로 얽혀 있었다. 항구를 기점으로 부챗살 모 양으로 뻗어나간 도로를 그 중간중간에 횡으로 이어주는 도로가 거미줄처럼 얽혀 있었다.

나는 곧바로 호텔에서 멀지 않은 곳에 있는 메디나로 걸어갔다. 쉽게 보였던 길 은 막상 걷기 시작하자 방사선 형태여서 그런지 방향이 애매하여 몇 번이고 지나는 사람들에게 물었다.

스팍스의 메디나는 사각형 모양이었는데 높은 성벽으로 둘러싸여 있었다. 튀니지의 메디나 중에서 규모도 크고, 상품의 품목도 다양하여 사람들에게 인기가 높은 메디나이다. 그래서 그런지 사람들로 북적거리고 있었다.

우리를 이방인으로 여겨 쳐다보거나 말을 거는 사람도 없어서, 편안한 느낌이 들었다. 모로코에서 보았던 메디나와 비슷한 풍경이었는데, 햇빛이 들지 않을 정도로 좁고 꾸불꾸불한 길을 그냥 걸어 다녔다.

그렇게 메디나 속을 이곳저곳을 기웃거리며 시간을 보낸 나는 성 밖으로 겨우 나왔다.

커다란 문 앞에는 길바닥에 돗자리를 깔고, 납작 복숭아를 무더기로 쌓아놓고 팔고 있었다. 발걸음이 자연히 그쪽으로 갔다. 그리고 포켓에서 동전 하나를 꺼내어 복숭아 주인에게 내밀었다.

주인은 나에게서 동전 하나를 받아 쥐고는, 누런 봉투를 들더니 봉투 가득히 납작 복숭아를 담는 주는 것이었다. 내가 준 동전은 1디나르였고, 1디나르는 우리나라 돈으로는 천 원이 되지 않는 돈이었다.

나는 마치 횡재라도 한 듯이, 봉투 가득히 담겨 있는 복숭아를 들고 호텔로 돌아왔다. 하지만 호텔로 걸어가는 내내, 이렇게 많이 주다니, 하고 몇 번이나 되새기며 말했는데 1디나르의 가치가 얼마나 큰 것인지 놀랍기만 했다.

스팍스는 대도시인 만큼, 볼거리 먹을거리가 많은 도시로서 메디나와 시장(Souk) 외에도, 카스바(La Kasbah), 미술관(Musee Dar Jallouli) 등이 있어서 좀 더 시간이 필요한 곳이지만, 부득이 오늘은 엘젬(El Jem)과 수스(Sousse)를 거쳐서 수도 튀니스까지 가야만 했다.

다음 날 아침 호텔 체크아웃을 마치고 곧바로 나는 어제 타고 왔던 A1 고속도로로 엘젬으로 향했다.

원형 경기장, 엘젬

엘젬 근교의 토지는 대부분 농경지였다.

C93번 도로를 따라 시가지로 진입하자 멀리 도심 한가운데 솟아 있는 콜로세움이 보이기 시작한다. 서기 230년에서 238년 사이, 즉 로마 시대에 건설된 이 원형 경기장은 그 지름이 144미터, 높이 36미터로서, 좌석 수는 마을 주민의 수보다 많은 3만 석에 달했다고 한다. 또한 아프리카에 있는 로마 유적 가운데서 가장 인상적인 건축물로 알려져 있다.

나는 곧바로 차를 세우고 콜로세움 안으로 들어갔다. 콜로세움 내부는 훨씬 웅장하게 보였다. 거의 10년에 걸쳐 노예 5만 명이 동원되었다는 말처럼 주위의 모든 건물을 압도하듯 그 위용은 대단하였다. 나는 그녀와 함께 꼭대기 층으로 올라가 콜로세움을 내려다보기도 하고, 주변의 시가지를 바라보기도 하였다. 그리고 천천히 동물이나 검투사를 가두었던 지하 감옥을 둘러보았다. 규모에서 로마의 콜로세움을 능가하지는 않더라도, 버금가는 위용을 다시 한번 느낄 수 있었다. 밖으로 나오자 뜨거운 햇빛이 쏟아지고 있었다.

수스까지는 대략 한 시간 정도의 거리였다. A1 고속도로로 수스에 도착했을 때는 정오가 지나 있었다.

수스는 튀니스와 스팍스 중간 지점인 함마메트(Hammamet)만 연안에 있다. 곡류 재배 지역이 많은 이 도시는 상업 중심지이며, 인광석, 올리브유, 펄프 원료, 피혁 등을 수출하는 무역항으로서 튀니지 제3의 도시이다. 고대 페니키아 시대에도 항만도시였고 로마 식민지 시대를 거쳐, 제2차 세계대전으로 인해 피해를 입기도 하였지만, 지금은 지중해 연안의 아름다운 관광 휴양지로 널리 알려져 있다.

나는 해안가에 인접해 있는 메디나가 가까운 곳에 주차를 했다. 차에서 내리자 뜨거운 공기가 몰려들어왔다. 거리는 활기가 넘치고 지나는 이들의 옷차림에도 세련미가 느껴진다. 해변을 따라 끝없이 늘어선 호텔 앞으로는 푸른 지중해 바다가 펼쳐지고, 관광객들의 파라솔이 모래사장을 덮고 있었다. 이렇게 평화스럽고 아름다운 휴양지도 그 역사를 조금만 거슬러 올라가면, 로마인, 이슬람교도, 터키인 등이 차례로 점령하면서 도시 이름만 다섯 차례나 바뀌었다고 한다.

나는 사람들로 많이 붐비는 문을 통하여 메디나 안으로 들어갔다. 수스의 구시가지, 메디나는 지중해에 면해 있으며, 1988년 구시가지 전체가 유네스코 세계문화유산으로 지정되었다. 메디나는 과거 수스에 진출한 회교도들의 생활 중심지로서 많은 유적들이 남아 있다. 항구 옆 광장 근처에는 9세기에 건립된 그랜드 모스크가 있다. 모스크의 안마당에는 장식이 없는 나지막한 기둥으로 된 아치문이 많은 모스크와 카스바와 수스의 귀중한 보물로 손꼽히는 라바트(Ribat) 수도원이 있었다.

수스는 오랜 역사와 문화가 있고, 각 시대를 지나며 서로 교차하는 문화적 갈등을 볼 수 있을 뿐만 아니라, 비록 한여름의 햇살은 견디기 힘들 정도로 뜨겁지만, 지중해에서 불어오는 시원한 바람은 몸과 마음을 식혀주기에 충분했다.

바닷가에 서 있는 하얀 호텔과 파라솔 아래에서 여행의 피로를 달래고 싶었던 마음을 참고, 만약에 다시 튀니지를 여행한다면, 하는 기약 없는 생각을 하며 발걸음을 돌려 마지막 목적지인 튀니스로 향했다. 튀니지의 수도 튀니스까지는 대략 150킬로미터 정도이며, A1고속도로를 이용하면 1시간 40분 정도 소요될 거라고 했다. 실제 이 구간은 차량 통행이 많았으며, 지중해 연안을 따라 크고 작은 마을, 푸른 들판, 올리브나무의 숲을 바라보며 달렸다.

0 5

리바트 수도원 요새는 그랜드 모스크의 북서쪽에 있다. 리바트는 군사와 종교적 성격을 겸한 수도원 요새다. 이 건물은 아그흐라비드(Aghlabids) 시절인 787년경에 이슬람교도들이 튀니지의 해변을 따라 외침에 맞서 싸우기 위해 만든 독특한 성채 수도원이다. 초기 이슬람 시대의 특징을 원형 그대로 간직하고 있어 이슬람 건축의 표본을 보여주고 있다.

출입문을 들어서면 확 트인 장방형 안뜰이 있고, 주변에는 회랑으로 둘러싸여 있는 작은 방들이 있다. 그리고 회랑의 벽은 두께가 2미터나 되어 포격에도 견딜 수 있게 했으며, 성벽의 네 모퉁이에는 높다란 종탑을 세웠다.

0 6

수스는 9세기경 튀니지의 첫 자치 왕조인 아글라브 왕조 시대에 카이루안의 외항이었다. 821년부터 동로마제국의 해군으로부터 도시를 지켜줄 리바트가 지어지기 시작하였다. 아랍인들은 870년에 몰타 군도의 고조섬에 있던 음디나(L-Imdina)의 성당에서 대리석을 가져와서 수스 성벽 건설에 사용하였다고 한다. 아무튼 아글라브 왕조 시대에 수스에는 모스크, 카스바, 그랜드 모스크와 같은 중요한 기념물들이 건설되었다.

수도 튀니스로

튀니스를 북아프리카의 보석이니, 흑진주라고 부른다. 지중해에 접하고 있는 이곳은 3천 년의 긴 역사를 지니고 있다.

로마의 지배를 받던 튀니지가 7세기 이슬람 세력의 진출과 함께 이슬람화하자, 670년 비잔틴(동로마)으로부터 이 지역을 빼앗아 697년 라데스항에 건설된 것이 튀니스이며, 그 이전까지는 타르시스라고 했다. 카르타고의 석재를 날라다 튀니스 건설에 사용되었다고 전해지고 있다. 이후, 튀니스는 1574년 오스만 통치하에 들어간 뒤, 1864년 다시 프랑스 보호령이 되었다가 1957년 독립과 함께 튀니지의 수도가 되었다.

튀니스에서 가장 오래된 자투나 모스크를 중심으로 전통 시장인 수크와 건물, 주택, 도로 등이 만들어졌다고 한다.

호텔을 하비브 부르기바 거리에 인접한 곳으로 정해둔 탓에 대중교통이 손쉽고 인근에 메디나와 시장이 가까워서 걸어 다니기에 매우 편리하였다. 길가의 노천카페에 앉아 커피 한 잔 시켜놓고 오가는 사람을 구경했다.

호텔을 나서자, 길의 동쪽 끝에는 붉은 벽돌로 쌓은 높은 시계탑이 시선을 끌었다. 그리고 그 반대편으로 길 양측에는 현대식 건물, 프랑스 시대 때의 건물들이 즐비하게 늘어서 있고, 도로변의 카페, 식당, 각종 상점들은 손님들로 붐비고 있었다.

나는 시계탑이 있는 1987년 11월 7일 광장(Place du 7 novembre 1987)으로 걸어갔다. 튀니스 호수가 마치 바다처럼 펼쳐지고 그 한가운데를 가르는 듯 TGM(Train à Grande Metro) 전철이 달리고 있었다. 내일은 저 전철을 타고 시디 부 사이드(Sidi Bou Said)와 카르타고 유적지를 돌아볼 생각이었다. 나는 가던 걸음을 멈추고 뒤를 돌아 반대편을 바라보았다. 대략 눈짐작으로 1킬로미터는 될 것 같은 폭넓은 길이 프랑스 게이트를 지나 메디나까지 뻗어 있는 광경은, 왜 이곳을 사람들이 파리의 샹젤리제를 닮았다고 말하는지 알려주는 것만 같았다.

나는 왔던 길을 되돌아서 서쪽으로 걸어갔다. 프랑스의 영향 때문인지 거리의 풍경은 여기가 아프리카라고는 믿겨지지 않는다. 식당과 찻집에는 하얀 와이셔츠의 깃을 세우고 말쑥하게 차려입은 웨이터들이 손님들을 맞이하느라 분주하고, 어린 구두닦이 아이들이 손님들에게 구두를 닦으라고 애교를 부리면 못 이기는 척 신발을 건네주는 외국인들의 여유 있는 표정에서 이곳이 얼마나 개방된 도시인가를 느낄 수 있었다. 거리의 풍경에 정신이 팔려 있는 동안, 유럽의 어느 도시에서나 볼 수 있는 트램(Metro Leger)이 길의 한복판을 달리고 있었는데, 그것도 객차를 3량씩이나 길게 달고 지나간다.

프랑스 애비뉴는 이곳을 경계로 신시가지와 구시가지가 서로 공존하는 곳으로, 도심의 심장부처럼 옛 정취가 가득한 관청, 호텔, 그리고 오래된 건물들이 줄지어 서 있었다. 더군다나 가로수며 거리의 조경을 말끔하게 단장하여 도로의 분위기가 한결 파리를 연상하게 만들고 있었다.

그리고 골목길에는 갤러리, 그리고 유럽풍 인테리어의 작고 세련된 카페가 눈에 띄었다. 다시 거리를 걸으면 작은 개선문 모양을 한 프랑스 게이트(아랍어로는 밥 엘 바하르[Bab el Bahr]라고 부름)를 만난다. 이 문은 원래 있었던 문을 프랑스 식민지 시대에 없애고 파리의 개선문을 본떠서 건축하였다고 한다. 내친김에 파리 애비뉴를 곧바로 지나면, 구시가지인 메디나로 들어가게 된다.

7세기에 세워진 메디나는, 지금은 신시가지에 도시 중심으로서의 기능을 넘겨주고 밀려나 있지만, 과거의 흔적을 고스란히 간직하고 있었다. 다른 도시의 메디나와 마찬가지로 미로 같은 길을 따라 걸어가면 각종 공예품을 파는 재래시장(Souk)이 있어서 볼거리도 많고, 오래된 주거지역을 걸으면 파란 정문에 네모난 정원이 있고 한가운데 분수가 있는 2층 집들이 있었다. 메디나 안쪽은 무척이나 넓었다.

　우연히 가던 길을 올려보다 미나레트가 눈에 들어왔다. 나는 미나레트가 보이는 곳으로 걸었다.

　얼마 가지 않아 메디나의 중심부에 있는 자투나(Zaytuna) 사원 앞에 섰다. 뜨거운 햇빛을 받고 서 있는 미나레트가 쳐다보기에는 눈이 부실 정도였는데, 화려한 건축의 아름다움을 자랑이라도 하듯, 라데스 항구를 내려다보며 우뚝 서 있었다. 사원의 중심에는 카르타고 유적지에서 가져온 200개의 기둥이 세워져 있었다. 2천 년이 넘는 카르타고의 유적을 이곳에서, 그것도 이슬람 사원에서 보고 있다는 사실에 묘한 생각이 들었다.

　자투나 사원은 723년부터 130여 년에 걸쳐 만들어졌다고 한다. 자투나는 올리브를 뜻하며 평화를 상징한다고 한다.

　사원을 나와 프랑스 애비뉴를 향해 걸었다. 어디선가 향수 냄새가 살짝 코끝을 스치는 것만 같았다. 잠시 후, 프랑스 애비뉴의 어느 모퉁이에 있었던 카페로 발을 옮겼다. 소파에 기대 앉자, 오늘은 정말 긴 하루였다는 생각이 들었다.

　다음 날 아침, 호텔을 나와 국립 바르도 박물관(Bardo Museum)으로 가는 트램을 타기 위해 모퉁이를 돌아 트램 4 정거장으로 걸어갔다.

　정거장은 많은 사람들로 북적거리고 있었는데, 아마도 트램은 튀니스 사람들에게는 제일 중요한 대중교통 수단인 것 같아 보였다.

　얼마 기다리지 않아 트램 4가 왔다. 트램은 승객들로 붐비고 있었는데, 나는 타자마자, 젊은 여자에게 바르도 박물관으로 가느냐고 물어서 확인을 한 다음에야 마음을 놓고 바깥을 내다보았다.

역에서 내리자 미리 봐둔 위치를 머릿속에서 그리며 곧바로 바르도 박물관을 찾아갔다. 하지만 유명세와는 달리 관람객이 적어 박물관은 한산하기만 했다.

바르도 박물관은 북아프리카의 진주라고 불릴 만큼 화려한 보물창고 같은 곳으로, 이곳에는 로마 시대의 모자이크, 카르타고의 유물, 초기 기독교 시대와 이슬람 유물 등도 함께 소장되어 있다. 특히, 테세라라고 하는 돌을 정육면체로 조각내서 다양한 모자이크 작품을 만든 예술적 감각에는 그저 놀랄 뿐이었다. 바르도 박물관 건물은 18세기 이슬람 건축의 표본이라고 한다. 원래 궁전을 개축한 것으로 내부의 정교한 장식이 뛰어나 모자이크와 함께 관람객의 눈길을 사로잡는다. 3개 층으로 구성되어 있는 박물관의 1층은 카르타고 시대의 유물이 대부분이며, 2층에서는 로마시대의 기독교 유물과 섬세한 로만 모자이크, 카르타고의 유적지인 두가(Dougga), 엘젬, 수스 등에서 발굴된 석상과 화려한 아랍 문양으로 장식된 금빛 천장 등이 눈길을 끌었다. 3층에는 자기, 유리 및 로마 시대 모자이크를 비롯하여 아랍−이슬람 시대의 유물이나 카르타고 유적의 출토품이 전시되어 있었다. 특히 각 층의 벽을 이용하여 모자이크를 전시하여 작품을 편하게 관람할 수가 있었고 작품도 돋보이는 것 같았다.

현재 전시 중인 로만 모자이크는 서기 2세기에서 6세기 사이에 만들어진 것이라고 한다. 폐관 시간이 가까워서야 박물관을 나왔지만 못내 아쉬운 마음이 들었다.

지중해를 닮은 튀니지 블루

하비브 부르기바 거리(Ave. Habib Bourguiba)의 끝 부근, 시계탑이 있는 곳에서 큰길을 건너면, 튀니스 호수 곁을 달리는 TGM의 튀니스 마린(Tunis Marine) 역이 있다. 오늘은 여기서 전철을 타고 비르사(Byrsa) 언덕과 시디 부 사이드를 관광하기로 마음먹고 일찍 호텔을 나섰다.

카르타고 한니발(Carthage Hannibal) 역에서 내려 언덕으로 올라가면 카르타고 건국의 흔적을 볼 수 있는 비르사 언덕이 있다.

그러나 지금은 거의 폐허가 되어 유적을 볼 수는 없었으나, 그 흔적만 남아 있었다. 언덕 위에서 내려다보는 지중해는 아침 햇살을 받아 반짝이고 있었다.

카르타고는 페니키아인들이 튀니스 만의 우뚝 솟은 언덕, 아마도 지금 내가 서 있는 비르사 언덕 위에 세운 국가이다. 북아프리카 최초의 대도시이며, 제국이었던 카르타고는 고대의 강력한 무역제국으로서 천 년이 넘도록 상업적 문화적 교역으로 지중해에 크게 영향을 미쳤으나, 긴 포에니 전쟁으로 말미암아 결국 기원전 146년에 로마에 의하여 멸망하고 말았다. 하지만 이곳은 카르타고 이후 로마, 초기 기독교, 아랍 문화가 차례로 그 뒤를 이어가며 서로 문화적으로 충돌하고 변용되는 과정을 거쳐 지중해의 예술은 물론 건축과 도시에 상당한 영향을 미친 곳이기도 하다.

따라서 이곳은 각 시대의 흔적을 보존하고 있는데, 아크로폴리스, 카르타고 항구, 토페트(Tophet) 광장, 공동묘지, 원형극장, 안토니우스의 목욕탕(Antonin bath) 등이 현재 고고학적 보호구역으로 지정되어 있다고 한다. 비르사 언덕을 내려오면서 분위기가 좋아 보이는 조그만 카페에 들러 쉬었다.

시디 부 사이드 역에서 내리자 함께 타고 왔던 사람들이 모두 내렸는지 한산했던 시골의 간이역이 금방 북적거렸다. 미리 봐둔 지도를 대충 머릿속에서 그리며 오르막길을 따라갔다.

마을 입구에 들어서자 온통 하얀 칠을 한 집들이 다닥다닥 붙어 있는데 유독 창이나 대문만은 파란색이었다. 이 마을을 '삼청'이라고 부르는 이유를 이제 알 것만 같았다. 하늘과 바다가, 그리고 마을이 파랗다. 그래서 지중해의 태양 아래 가장 빛나는 곳, 시디 부 사이드는 마치 내가 별세계에 와 있는 것 같은 착각을 할 정도였다.

왜 마을 전체를 하얗게 칠하는 것일까, 하는 의문은, 이곳을 걸어보면 자연히 풀린다. 외부인들에게 보여주기 위해 칠한 것이 아니다. 자연스럽게 강한 햇빛을 반사시키는 흰색에 바다를 연상시키는 파란 문, 파란 창이 서로 어우러져 시원하고 산뜻한 마을 풍경을 만들고 있는 것이다. 그렇게 생각하면 이 풍경이 마을 사람들의 삶 그 자체인 것만 같아 보였다.

많은 유명인들이 북아프리카의 뜨거운 태양 아래 그림을 그리기 위해 튀니지를 찾았다. 그 가운데 1914년 화가 파울 클레(Paul Klee)는, 색채가 나를 지배하고 있고 지금 행복한 시간을 누리는 것은 바로 색채와 내가 하나가 되었기 때문이다, 라고 말했다. 그만큼 이곳의 바다와 하늘과 마을을 닮은 파란색이 너무나 강렬한 나머지 튀니지언 블루(Tunisian Blue)를 탄생시킨 것은 아닐까 하는 생각이 들었다.

이 골목 저 골목 구경하느라 정신없이 걷다 보니, 어느덧 지중해가 한눈에 들어오는 해안의 절벽 위에 섰다. 발아래 해안에는 수많은 요트들이 정박해 있고, 고급

스런 레스토랑과 카페의 테이블마다 하얀 천을 덮은 광경이 산뜻해 보였다.

이곳을 사람들은 가끔 그리스의 산토리니와 비교한다고 하였는데, 그만큼이나 마을의 경관은 독특하고 아름답다. 하얀 지붕과 건물 사이로 눈부시게 파란 하늘, 바다와 아치형 대문을 바라보면 탄성이 저절로 나온다. 한참 동안 지중해를 바라보다가 나는 이곳을 찾아온 사람은 모두 찾는다는 카페 데 나테(Cafe Des Nattes)로 갔다.

나중에 알았지만 카페는 대단히 유명한 곳이었다. 화가 파울 클레를 비롯하여 앙드레 지드, 알베르 카뮈, 철학자 미셸 푸코 등 유명 예술가들이 즐겨 찾던 곳이라고 했다.

이곳에 가면, 예술가들이 둘러앉아 마시던 튀니지식 민트차를 마셔보라고 했다. 의자에 앉으니, 절벽 아래 바다도, 머리 위의 하늘도, 그리고 마을 풍경도 심지어 카페의 의자며 테이블이며 파라솔까지도 모두 하늘과 지중해를 닮은 파란색뿐이었다.

ALGERIA

알제리의 음자브 계곡을 가다

알제리로 향하며

알제리의 수도 알제에서 남측으로 약 700킬로미터 떨어진, 사하라 사막이 시작되는 곳에 조그마한 도시, 가르다이아(Ghardia)가 있다.

그곳에는 사막을 동서로 가르는 음자브(M'Zab) 계곡이 있다. 계곡 속에는 천 년이란 세월을 이어온, 지금도 여전히 그들만의 전통에 따라, 그들만의 생활양식과 정통성을 지키고, 신을 믿으며 자연에 순응하며 살아가는 마을이 있다. 마을 사람들은 철저하게 외부와의 접촉을 거부하며, 지금도 그들만의 독자적 생활을 이어가고 있다.

이들은 베르베르계의 음자브인들이며, 알제리 서부의 타할트(현 티아레 근교)를 중심으로 하는 이바드파의 왕조, 루스탐 왕조(777~909)의 후손들이기도 하다. 루스탐 왕조를 세운 이바드파의 자손들은 그 후, 추방과 이주의 어려운 과정을 거치다 11세기경 이곳에 터를 잡아 정주하게 되었다. 야자나무를 엮고 흙으로 두꺼운 벽을 만드는 특이한 건축양식의 주거가 모스크를 구심점으로 하여 동심원 형태로 군집을 이루고 있는데, 그 전경은 많은 사람들을 매료시켜왔다.

중세 이슬람의 주거문화를 엿볼 수 있는 이 매력적인 마을은 1982년 세계문화유산으로 지정되었다.

01

알제리의 국토 면적(238만 평방킬로미터)은 세계 11위로서 우리나라의 24배이다. 그 면적의 85%가 사막 지역에 속한다. 현재 알제리 사람들은 대부분 7세기 이후 이주해온 아랍인들로서 이슬람교도들의 후예와, 북아프리카의 원주민이었던 베르베르인들이 점차 아랍화한 사람들로 구성되어 있다(총 인구 3,300만. 2005년 기준). 인구의 대부분은 지중해와 아틀라스 산맥 사이에 모여 살고 있는데, 이 같은 지리지정학적 조건은 역사적으로 오랜 기간 유럽 대륙과 밀접한 관계를 맺어온 요인이 되었다.

현재에 이르기까지의 역사를 대략 요약하면, 선사시대와 페니키아 시대, 로마 제국 시대(기원전 46~서기 534)를 거치면서 로마 제국에 의하여 건설되었던 도시의 유적들은 지금도 아프리카 지중해 연안에서 쉽게 그 흔적을 찾을 수가 있다. 그리고 로마 제국 시대 이후, 이슬람 세력의 아프리카 진출이 본격화하면서 시작된 이슬람 시대는 1574년 오스만 투르크에 의하여 북아프리카 전역이 정복될 때까지 약 천 년간 지속되었다.

이번 여행의 목적지인 음자브 계곡의 마을은 이슬람 시대가 시작된 이후 술탄 왕조(777~909)의 후예들이 정착한 곳이기도 하다. 1830년 프랑스의 침공으로 120년간의 식민지 시기를 겪지만 1, 2차 세계대전동안 독립운동이 격화되면서 민족해방전선(FLN)이 결성되어 결국 1962년 독립하게 된다. 하지만 오랫동안 내전과 사회 정치적 불안정을 겪으며 현재에 이르고 있다.

드디어 떠나다

12월의 어느 날, 마침 첫눈이 내리고 있었다.

우여곡절 끝에 결국, 나는 남산 아래에 있는 알제리 대사관을 찾았다.

그리고 며칠 후, 알제리 입국비자를 받은 나는 정월 초의 몹시 추웠던 날, 송 교수와 함께 저녁 11시 55분 인천공항을 떠나는 이스탄불행 비행기에 올랐다. 여행의 최종 목적지는 알제리의 수도 알제에서 남쪽으로 대략 700킬로미터 떨어진 곳에 있는 사막도시 가르다이아(Ghardia)였다.

일단 우리에겐 인천공항을 떠나 이스탄불에서 알제행으로 환승하는 왕복 비행기 편과 도착 후 알제에서 묵을 호텔을 예약한 것 외에 아무것도 사전에 준비된 것이 없었다. 물론 여행을 제한하는 나라로 분류되어 있는 만큼 더더구나 자세하게 여행에 필요한 사항을 미리 준비해야 하는 것은 마땅한 일이었지만, 아무리 초고속 인터넷이 널리 보급된 시대라 할지라도 목적지에 대한 필요한 정보를 구할 수가 없었다. 때문에, 주위로부터 여행을 만류하는 이야기를 수없이 들었고, 스스로 여행을 결심하기까지 상당히 긴 시간을 보냈다.

따라서 여행에 필요한 것은 알제에 도착한 후, 현지에서 해결하기로 했지만, 여전히 불안한 심정은 비행기의 이륙을 기다리면서도 사라지지 않았는데, 이럴 때면 떠오르는 기억이 있어서 나를 괴롭혔다. 그것은 알제리 입국비자를 받으러 갔을 때 일이었다. 나는 아무 생각 없이 대사관 직원에게, 요즘 관광비자를 신청하는 사람들이 많습니까? 하고 물었는데, 그 직원은, 올해 관광비자를 처음 신청하신 분입니다, 라고 대답하였다. 그 순간 내 귀를 의심할 정도로 믿을 수 없는 이야기였다. 대사관을 다녀온 이후로 여태 그 직원의 대답이 꺼림칙하게 되살아나 마음 한구석이 불안하기만 했다. 이럴 때마다 나는, 어디를 가나 모두 사람 사는 곳일 테니까, 라고 누군가 했던 말을 떠올리며 위안을 삼았다.

늦은 시각의 항공편이어서 그런지 기내는 잠을 청하는 사람들로 조용했다. 잠시 후 비행기는 활주로를 힘차게 박차고 캄캄한 어둠 속으로 들어갔다.

이번 여행의 목적지인 가르다이아로 가려는 이유는, 그곳에 사막을 동서로 가르는 거대한 계곡, 음자브가 있고, 그 계곡에는 무슬림의 전통 마을이 있기 때문이다.

내가 이 마을의 이름을 알게 된 계기는 다음과 같다. 세계적인 건축가 르 코르뷔지에가 말년에 롱샹 교회를 설계하기 전, 이 마을에 오래 머물면서 공간적 영감과 영향을 많이 받았다는 기록을 본 적이 있었다. 또한 일본인 건축가가 이 마을의 주택들이 모여 있는 형태에 관해 기록한 조사 보고서가 어느 건축 잡지에 소개되어 있었다. 하지만, 직접 내 눈으로 보아야겠다고 여행을 결심하게 된 동기는 우연히 보게 된 사진 한 장 때문이었다.

어느 날 우연히 들른 책방의 여행잡지 코너에서 한 장의 사진이 내 눈길을 사로잡았다. 그 사진에 담긴 것이 바로 음자브 계곡 속의 마을이었다. 사진 속의 마을은 — 그 전경은 그저 놀라움뿐이었다. 주택의 모양과 마을의 형태가 지금까지 어디에서도 찾아볼 수 없었을 만큼 새롭고 특이했다. 나는 한동안 사진에서 눈을 뗄 수 없어 바라보고만 있었다.

아마도 어느 잡지사가 시리즈로 세계문화유산으로 등재된 마을을 연재하던 중이었던 것을 내가 본 것 같았다. 아무튼, 사진 속에서 그 마을을 본 순간부터 속으로는 이미 여행을 떠나야겠다는 마음을 먹을 만큼, 사진은 나에게 큰 자극이 되었다. 실제로, 그날 이후부터 어디론가 여행을 떠나고 싶다는 생각을 할 때마다 그 마을이 내 기억에서 되살아나 나를 따라다니며 재촉하는 것만 같았기 때문이었다.

  승객들은 깊은 잠에 빠져들어 있고 기내는 캄캄하고 조용하기만 했는데, 갑자기 기내에 조명이 켜지면서 이제 곧 도착한다는 아나운스먼트가 들려왔다. 시계는 오전 3시 반을 가리키고 있었다.

  이른 새벽의 첫 도착편인지 공항 로비에는 지금 막 함께 내린 승객들 외에는 아무도 보이지 않았다. 그리고 알제행 환승까지는 무려 일곱 시간을 기다려야만 했다.

  환승 로비로 가보았지만 조명마저 꺼져 있었고, 넓은 로비를 서성거리고 있자니 괜히 마음만 뒤숭숭해졌다. 아직 잠이 덜 깼는지 눈꺼풀도 무거웠다. 송 교수와 나는 로비 한구석에 있는 의자에 주저앉자마자 그대로 잠이 들었는지, 주변의 소란과 지나가는 사람들의 발걸음 소리에 놀라 눈을 뜨자, 넓은 로비는 어디로 오가는지 모르는 승객들로 붐비고 있었다.

  보딩 시간이 다가오자, 환승 게이트 주변은 점차 승객들로 소란스러워지기 시작했다. 알제행 승객은 별도로 마련되어 있는 검색대를 다시 통과해야만 했다. 그리고 곧 검색을 시작하자마자 검색대 주변은 밀리고, 밀치고, 아우성치는 사람들로 인해 순식간에 완전히 마비되고 말았다.

  왜 검색을 다시 하는지 이해가 가지 않았지만 어쩔 수가 없었다. 이대로 가만히 있다가는 비행기를 못 탈 수도 있겠다는 불안한 생각이 들기도 했지만 겨우 항공사 직원의 도움으로 비행기에 올랐다.

  비행기 안은 예상한 대로 통로에 서서 떠드는 사람, 군데군데 쌓여 있는 짐 보따리, 선반에 짐을 밀어 넣고 있는 사람들로 북적거리고 있었다. 그 광경이 무슨 난민선을 타는 것만 같았다. 무슨 단체인지는 모르지만 체격이 크고, 모양이 같은 두꺼운 방한복을 입고 있는 사람들이 많이 보였다. 승객 가운데 어린아이나 여성은 한 사람도 보이지 않았다.

  사람들의 틈을 겨우 빠져나가 좌석 앞으로 다가갔다가, 그만 그 자리에 그냥 서

버리고 말았다. 하필이면 가운데 좌석인 데다 양측 승객의 몸집이 워낙 크고 두꺼운 방한복까지 껴입고 있어서 도저히 그 사이를 비집고 앉을 수 없을 지경이었다. 몸은 지쳐 피곤하기만 하고 나도 모르게 짜증이 치밀어 올랐다. 등과 어깨가 등받이에 닿지 않아 쪼그리고 앉은 모양새로 알제까지 네 시간 동안을 참아야만 했다. 방한복만이라도 좀 벗어주면 좋겠건만 도무지 눈치 없는 사람들 같았다.

우리는 고생 끝에 서울을 떠난 지 24시간 만에 알제리의 수도 알제의 공항에 도착할 수 있었다. 송 교수, 역시 나와 별반 다르지 않았던지 무척 피곤한 표정이었다. 나를 보자 그가 말한 첫마디는, 이스탄불에서 환승은 다시 생각해봐야 하겠어요, 하는 말이었다.

입국 심사를 마치고 로비로 나왔지만, 문제는 지금부터였다. 해야 할 일이 태산 같기만 했다. 우선 로비에서 해야 하는 일은 알제에서 가르다이아까지 우리들을 데려다줄 차편을 찾는 것이었다. 넓고 밝은 공항 로비로 나오자마자, 송 교수는 계속 누군가에게 전화를 걸었다. 열심히 통화를 시도하는 그를 보면서 나는 공항 바깥이 잘 보이는 창가로 걸어갔다. 밝은 대낮인데도 길에는 사람들이 오가는 모습은 전연 보이지 않고 총을 든 군인들이 일정한 간격으로 길 따라 줄지어 서 있는 모습이 눈에 들어왔다.

불어로 하는 송 교수의 통화 내용을 알아들을 수는 없었지만, 나는 가슴 조이며 기다리고 있었다. 꽤나 긴 시간이 지났다. 시간이 지날수록 점점 불안한 생각이 들기도 하고 지루하기까지 했다. 멀리 떨어져 통화하고 있던 그가 드디어 빠른 걸음으로 나에게 걸어왔다. 가까이 다가오는 그의 밝은 표정과 미소를 보니, 무엇인지 모르지만 좋게 해결이 된 모양이었다.

02

알제리는 유럽 대륙과 교차하는 오랜 역사로 인하여 여러 곳에 유적지가 남아 있다. 구체적으로 살펴보면, 먼저 지중해 연안에는, 알제의 카스바(Kasbah of Algiers)를 비롯하여 티파사(Tipasa)와 제밀라(Djemila)의 고고 유적지가 있으며, 사막 내륙 지역으로는 베니 하마드 요새(Al Qal'a of Beni Hammad), 팀가드(Timgad)의 고고 유적지, 음자브 계곡(M'Zab Valley), 타실리 나제르(Tassili N'Ajjer)의 유적지 등 모두 일곱 곳이 1980~1992년 사이에 세계문화유산으로 등록되었다.

이 일곱 곳 가운데 베니 하마드, 음자브 계곡, 타실리 나제르를 제외한 네 곳은 서로 역사적 배경과 연대에 있어서 차이가 있으나 로마 시대 또는 로마 제국과 관련성이 깊다. 하지만 나머지 세 곳 가운데 타실리 나제르는 선사시대 동굴예술의 중요한 유적이 많은 곳으로서 사하라 지역 인류의 진화 과정을 알려주는 흔적이 남아 있는 곳으로 유명하다. 나머지 음자브 계곡과 베니 하마드는 공통적으로 이슬람 문화의 단면을 볼 수 있는 곳이긴 하지만, 특히 음자브 계곡은 단순히 지나간 과거의 유적이 아니라 지금도 과거의 생활양식을 지키며 살아가고 있는 곳이라는 점에서 다른 유적지들과는 차이가 있다.

이상에서 말한 각 유적지들을 보면, 연대나 시대, 왕조에 따라 유럽 문화와 이슬람 문화가 서로 교차하는 가운데 이어온 긴 역사는 이 지역만의 독특한 문화적 특징을 형성하고 있다.

03

마그레브 3개국, 즉 모로코. 알제리. 튀니지에 걸쳐 있는 아틀라스 산맥은 북동쪽에서 남서쪽으로 약 2,000킬로미터에 걸쳐 뻗어 있는 습곡산맥으로서, 침식과 개간으로 거의 식물이 없으며, 특히 혹독한 겨울 날씨로 인하여 사람이 살기에는 어려운 환경이다. 그러나 현재까지도 베르베르족은 자신들의 언어와 전통과 신앙을 지키면서 이곳에 살고 있다고 한다.

알제에 도착해서

얼마 지나지 않아, 가르다이아까지 왕복할 차량과 운전수가 공항 로비에 나타났다. 우리는 지체 없이 오늘 숙박할 호텔로 가기 위해 함께 공항 로비를 빠져나왔다.

호텔까지 가는 길은 시가지 구획 정리 공사 중이었는데, 길은 넓지만 포장이 되지 않아 바람에 흙먼지가 흩날렸다. 드문드문 공사 중인 건물들이 있었지만 사람들은 보이지 않았다. 요소요소마다 군인들이 총을 들고 서 있는 모습이 간혹 눈에 띄었는데 무슨 계엄령이라도 선포된 듯한 살벌한 분위기였다.

공항을 빠져나오기 전까지만 해도 당연히 지중해 바다가 보이고, 북아프리카의 뜨거운 햇빛과 야자수가 울창한 숲이 끝없이 펼쳐진 곳일 거라고 상상했었는데, 정작 싸늘한 날씨에 바다는커녕 흙먼지와 종이가 굴러다니는 삭막한 곳이었다.

차가 호텔 입구에 도착하자 안전요원들처럼 보이는 사람들 몇몇이 짐과 차량을 검색해야 한다고 했다. 그래서 우리는 차에서 내려 호텔 현관으로 걸어갔다. 그리고 호텔 현관에서 다시 보안 검사를 받아야만 했다. 아무래도 분위기가 이상해서 운전수에게 물었더니, 거의 매일 테러가 발생하고 있는 상황이라 도로나 건물 할 것 없이 검문검색이 엄격하다고 대답하였다.

어째 도착하는 날부터 분위기가 묘하다고 생각했더니, 실제로 우리가 묵을 호텔 역시 바깥에서 조명이나 사람들의 움직임을 볼 수 없도록 시선을 모두 차단하고 있었다. 로비에만 몇 사람이 서서 이야기하고 있었는데, 현관 주변에서 얼씬거리는

사람은 아무도 없었다. 나는, 당장 내일부터 바쁘게 움직여야 할 텐데, 하는 걱정이 앞섰다. 호텔 체크인을 마치고 곧바로 우리는 로비 한쪽에 자리를 잡고 운전수와 마주 앉았다.

그의 이름은 주빌이라고 했다. 새까만 곱슬머리와 깊은 눈동자, 먼 곳을 바라보고 있는 듯한 표정을 하고 있었다. 쉰 살 정도로 보였으며 말수가 적은 사람 같았다.

일단 자기 소개를 한 다음, 나는 가르다이아까지 왕복 운전과 가르다이아에서 묵을 민박집을 물색해줄 것을 그에게 부탁하였다. 그런데 부탁한다는 말이 끝나자마자 그의 표정이 순간 여태까지와는 달리 어두워지는 것을 금방 알 수가 있었다.

그리고 그는 조금은 긴장한 표정으로 송 교수에게 무엇인가를 열심히 설명하는 듯했는데 한참을 얘기하더니 대충 다음과 같이 말해주었다. 즉, 가르다이아까지 가려면 알제에서 아틀라스 산맥을 넘어가야만 하는데 산맥을 넘는 일이 현재로서는 매우 위험하다는 것이었다. 그 이유는, 산적들이 수시로 나타나 물건을 빼앗거나 사람들까지 해친다는 것이었다.

어처구니가 없었다. 지금 세상에 산적이라니, 고생해서 여기까지 왔는데 이번에는 산적이라니. 이런저런 생각이 머릿속을 지나갔다. 가슴이 답답했지만 아무 말도 할 수가 없었다. 무거운 시간이 흘러가는 분위기에 눌려서, 세 사람 모두 입을 떼려 하지 않았다.

결국 먼저 입을 뗀 것은 나였다. 정말 방법이 없을까, 하고 조용히 말했다. 그래도 아무런 반응이 없어서 이번에는, 정말 방법이 없을까, 하고 조금은 높은 소리로 말했다. 그래도 두 사람은 아무 말도 하려고 하지 않았다. 나는 이대로, 이 분위기가 계속된다면 여행을 포기해야 하는 막다른 길에 서게 될 것 같은 불안한 생각이 들었고, 그 불안을 애써 지우기 위해 이번에는 주빌이라는 운전기사에게 물었다. 아틀라스 산맥을 넘는 길의 상태는 어떠냐고.

주빌은 그동안의 침묵을 깨고, 산맥을 넘는 도로는 비포장길이며, 꾸불꾸불하고 위험한 절벽을 여러 번 돌아가야 하는데, 그것보다는 산적들의 출현이 빈번하고, 이곳을 통과하는 차량이 테러의 대상이 될 수도 있다는 점 때문에 누구나 넘기를 꺼린다고 말했다. 아무리 생각해봐도 이 사람은 우리들에게 여행을 포기하게 하려고 하는 것 같았다.

나는 다시 마음을 가다듬고 송 교수에게, 그렇다면 정말 무슨 방법이 없을까, 하고 물었다. 굳이 송 교수의 대답을 기대하고 한 말이 아니라 혼자말처럼 내뱉은 말이었는데, 이 말을 송 교수가 주빌에게 프랑스어로 옮기자, 주빌이 말하기를, 안전하게 산맥을 넘을 수 있는 방법은 경찰의 에스코트를 받는 것이라고 대답하는 것이었다.

나도 그것이 확실한 방법이라고 생각했다. 하지만 무슨 수로 경찰차의 호위를 받을 수 있겠느냐 싶었다. 더군다나 그 거리가 만만치 않고, 경찰을 설득할 아무런 명분도 이유도 없다. 관광비자를 지니고 있는 외국인이란 사실 외에는 아무것도 없는 것이다. 또한, 호텔에 오는 도중에 본 것처럼 테러로 인한 살벌한 사회적 분위기에 섣불리 그런 부탁을 꺼낼 수가 있을까 하는 의문이 들기도 했다.

송 교수가 주빌에게, 경찰의 호위가 아닌 또 다른 방법을 묻는 것 같았다. 그는 잠시 생각하는 듯하더니, 그나마 마지막 방법이 될지는 모르지만, 만일 새벽녘 막 동트기 전에 고개를 넘는다면 그 방법이 시간상으로 그나마 조금은 안전할 것 같다, 고 말하는 것이었다. 결국 그 말이 결론인 것처럼 들렸다. 그리고 우리는 동틀녘에 산 정상까지 도달하려면 언제 출발해야 할지 시간을 계산하여 결정했다. 거리나 길의 상태를 알고 있는 것은 주빌뿐이었다.

내일은 여러 가지 식품이랑 필요한 물건을 준비하기로 하고, 그다음 날 새벽 1시에 호텔을 출발하기로 약속하고 난 후, 그와 헤어졌다.

아틀라스 산맥을 넘으며

무척 긴 하루였다.

호텔 방으로 돌아와 침대에 눕자 온몸이 땅속으로 꺼지는 듯이 피로감이 몰려왔다. 쉽게 잠을 청할 수 있을 것 같지 않았다. 오히려, 처음 방문하는 알제의 첫인상, 특히 거리 풍경, 사람들의 눈초리에서 여행이 그리 쉽지는 않을 것만 같은 예감이 들어 정신이 말똥말똥해졌다. 무엇보다 아틀라스 산맥을 넘어가는 일이 당장 걱정거리였다. 새벽녘 시간이 그나마 안전하다고는 하지만, 오늘 만난 주빌에게 어쩔 수 없었다 하더라도 너무 많은 부담을 지게 한 것 같았다. 아무래도 이번 여행의 많은 부분이 그의 손에 달린 것 같았다.

다음 날, 정말 오랜만에 푹 늦잠을 잤다. 그리고 되도록 큰 슈퍼마켓을 찾아가서 필요한 식품과 물 등을 잔뜩 사서 차에 실었다.

그리고 그다음 날 새벽 1시, 우리는 모두 말없이 차에 올라탔다. 캄캄하여 두 사람의 표정을 볼 수 없었지만, 나는 불안하고 초조한 마음으로 잔뜩 긴장하고 있었다. 호텔의 정문을 나서자 우리가 탄 차는 밤공기를 가르며 불빛 하나 없는 어둠 속을 달려갔다. 오직 자동차의 헤드라이트만이 비춰주는 울퉁불퉁한 흙길로 주빌은 익숙한 솜씨로 차를 몰았다. 오가는 차는 한 대도 없었고 마을을 지나도 불빛 하나 보이지 않았는데 내비게이션도 없이 아랑곳하지 않고 전방만을 주시하면서 핸들을 잡고 있는 주빌을 믿기로 했다.

그렇게 얼마를 달렸는지 변속기어의 엔진 소리가 달라진 것 같았다. 차는 본격적으로 산속으로 접어들기 시작하였다. 차가 모퉁이를 돌 때마다 커다란 나무들의 밑둥이 하얗게 헤드라이트에 비춰지는데 그 모습이 마치 산적들이 서 있는 것만 같아 그때마다 온몸이 경직되었다. 차가 오르막길을 올라갈수록 주변은 조용해지고 숲도 보이지 않는 산허리를 벌써 몇 개나 돌아가고 있었다.

그리고 차 속의 세 사람은 지금까지 말 한마디 없이, 언제 무엇이 튀어 나오지나 않을까 숨소리마저 죽이며 전방을 뚫어져라 쳐다보았다. 아마도 말을 할 수 없을 정도로 모두 긴장하고 있었는지도 모른다.

아직 동트기까지는 서너 시간은 남았고, 우리들이 탄 차가 어느 산의 정상을 달리고 있을 때였다. 어디서 나타났는지 갑자기 여러 대의 차량이 요란한 사이렌 소리를 내며, 파란색 빨간색 등을 번쩍거리며 우리들이 탄 차를 쫓아오고 있었다.

순간, 무슨 영문인지 몰라 어리둥절하면서, 산적들이면 저렇게 요란을 떨지는 않을 것 같아 뒤를 바라보았다. 저렇게 번쩍거리며 요란하게 쫓아오는 것을 보면 아무래도 경찰차일 것만 같았다.

주빌이 일부러 속력을 낮추었는지 순식간에 경찰차 여러 대가 우리들이 탄 차를 앞질렀다. 그제서야 나는 주빌에게 크게, 빨리 저 차를 쫓아가라고 말했다. 그리고 주빌이 한 말이 생각났다. 이틀 전 주빌과 호텔에서 의논할 때, 이 산맥을 안전하게 넘을 수 있는 가장 안전한 방법은 경찰차의 호위를 받는 것이라고 했었다. 지금 너무나 뜻밖에, 예기치도 않았던 경찰차의 호위를 받는 모양새가 된 우리들은 이제야 깊은 안도의 숨을 내쉬며 앞장서서 달리는 경찰차의 뒤를 따랐다. 비록 경찰차가 우리들을 호위하는 것은 아니지만 때맞게 나타나준 것이 무슨 기적처럼 느껴졌다. 그렇지 않아도 이틀 내내 두렵고 무서워했던 참이라 이렇게 고마울 수가 없었다.

아직도 날이 밝아오려면 한참 더 달려야 했지만, 긴장이 한꺼번에 풀리자 나는 깊은 잠에 빠져들었다. 그렇게 얼마를 더 달렸는지 모르지만, 조용하고, 사이렌 소리도 들리지 않았으며, 마치 꿈속에서 날고 있는 것만 같아 눈을 떴다.

밤새 달려왔던 주빌이 아틀라스 산맥의, 떠날 때와는 정반대쪽의 내리막 어느 산 모퉁이에 차를 세웠다. 서서히 여명이 밝아오고 멀리 지평선은 서서히 붉게 물들기 시작하더니 순식간에 온 사방이 훤히 밝아왔다. 차에서 내려 세 사람은 지평선까지 끝없이 펼쳐진 사막을 바라보며 싸늘한 아침 공기로 심호흡을 했다. 사막 위로 이글거리며 떠오르는 태양, 나는 지금까지 이렇게 아름다운 일출을 본 적이 없다. 그것은 참담한 아름다움이었다.

지금까지 장장 열 시간을 달려왔던 길(1번 국도로서 알제와 가르다이아를 잇는 간선도로)에서 50미터가량 벗어난 곳에, 거의 수직으로 100미터 이상 되어 보이는 절벽이 별안간 나타난 것이었다. 더구나 절벽 아래로 깊은 계곡은 길게 뻗어서 마치 사막을 둘로 나누고 있는 형상이었고, 그것은 마치 어떤 영화에서 본 듯한 사막의 끝, 낭떠러지였다. 계곡 주변은 푸른 숲과 하얀 집들이 빼곡한 모습이었고, 또한 그 속에는 주택들이 서로 엉켜 하나의 덩어리처럼 보이는 것이 군데군데 보였다.

차가 계곡 쪽으로 난 급한 경사로를 조심스럽게 내려가고 있는 동안, 차창 밖으로 보이는 경관에 송 교수와 나는 연신 와, 와, 하며 소리를 질렀다. 어떻게 이런 풍경이!

계곡으로 내려와서 어느 정도 마음이 가라앉자, 나는 다시 계곡을 올려다보았다. 여기는 알제에서 대략 700킬로미터 떨어진 곳이며, 오던 길에서만 보면, 어디를 보아도 사막뿐이었을 텐데, 그 사막 아래에 있는 이 계곡을 어떻게 찾았을까 하는 생각, 그리고, 먼 옛날에는 어떻게 알고 찾아왔을까, 생각하면 신기하고 놀랍기만 했다. 아니 그것보다 지금도 정말 신기하다고 생각하는 것은 어떻게 이렇게 많은 사람들이 사막 환경에 정착해서 그렇게 오래 살아올 수 있었는지 하는 의문이었다.

아무튼 갑작스럽게 나타난 사막의 특이한 지형은 가슴 벅찬 놀라움과 호기심으로 나에게 다가왔다. 계곡으로 내려왔지만, 흥분된 가슴은 좀처럼 가라앉지 않았다. 이곳에서 만나야 하는 사람을 찾아 주빌은 약속한 장소로 가고 있었는데, 계곡을 내려와 가까이서 보니 가르다이아는 마을이라기보다는 도시라고 하는 게 맞았다. 이곳은 이미 알려진 대로 여름철에는 섭씨 50도를 오르내리는, 세계에서 가장 건조한 곳 중의 하나이며, 사하라 사막이 본격적으로 시작되는 곳으로 예부터 낙타를 타고 다니는 대상(隊商)들의 길목이다.

계곡에 집들이 생기고 마을이 형성되기 시작한 시기는 지금부터 대략 천 년을 거슬러 올라간다고 한다. 특히, 이곳은 옛날의 유적지가 아니라, 현재까지도 옛 생활과 관습을 이어가며 사람들이 살고 있는 도시이다.

　드디어 주빌이 약속한 장소를 찾았는지, 사람들이 많이 모여 있는 어느 곳에 차를 세웠다. 그리고 그는 우리들에게 차에서 내리지 말라는 당부를 남긴 뒤 혼자 내렸다. 설마 여기도 알제와 같은 분위기는 아닐 텐데, 차에서 내리지 말라는 말이 이해가 되지 않았다. 그래서 그가 내린 뒤, 나와 송 교수는 차창 밖으로 유심히 주변을 살펴보았다.

　차를 세운 곳은 사람들의 왕래가 비교적 많은 곳으로 가르다이아의 중심지 같았는데, 간혹 버스가 지나가기도 하였으며, 길 양쪽으로 상점들이 늘어서 있었다. 상점이라고 해봤자 조그만 유리문은 먼지를 뒤집어쓰고, 또 무엇을 팔고 있는지 보이지 않는 낮은 집들이었다. 때때로 바람이 불면 흙먼지가 흩날리는 가로의 풍경이 우리나라의 어느 시골과도 닮은 것처럼 느껴지기도 했다.

　벌써 주차를 한 지 10여 분이 넘게 지났는데도 이상하게도 길을 걸어다니는 사람들은 모두 남자들뿐이었다. 더군다나 여럿이 함께 다니는 모습은 거의 볼 수가 없고 대부분 혼자였다. 나는 다시 생각해보았다. 사흘 전, 이스탄불에서 탔던 비행기 안에서도, 알제 공항 안팎에서도, 호텔에서도 모두 남자들뿐이었던 것이 기억났다. 이것이 모두 이슬람의 종교적 생활방식 때문인지 아직은 잘 모르지만 여하튼, 나에게는 대단히 부자연스럽게 보였다.

　그리고 길을 오가는 사람들의 표정을 자세히 쳐다보고 있노라니, 사람들의 얼굴은 대체로 두 종류의 민족으로 구분할 수 있을 것 같았다. 즉, 피부색은 비교적 우리와 닮은 황색이지만 눈썹이 짙고 눈언저리가 깊고 눈초리가 매서운 아랍계 사람들, 그리고 얼굴에 깊은 주름이 많고 표정이 부드러운 사막의 베르베르계 사람들, 이렇게 서로 다른 두 종류의 사람들이 길을 오갔다.

　그렇게 차 안에서 지나가는 사람들을 보고 있었는데, 괴상한 옷차림을 한 사람들

대여섯 명이 가까이 지나갔다. 자세히 보니, 온몸에 하얀 천으로 된 포대 같은 것을 뒤집어쓰고 있어서 남자인지 여자인지 구별이 되지 않고, 얼굴도 가려져 있어서 어디를 보고 가는지 알 수 없는 무리였다. 그 동작이 걷는다고 말하기에는 너무 느려서 갓 걸음마를 하는 어린애의 걸음걸이와도 같아 보였다. 전신을 가리고 있는 점반으로 여성 무슬림일 거라고 짐작은 되었지만, 처음 보는 광경에 무척 당혹스러웠다. 또한 어떻게 앞을 분간하는지 정말 궁금하였다. 좌우간 내가 가르다이아에서 본 최초의 여성이었다.

슬리만의 민박집에서

한참 만에 주빌이 민박집 주인을 데리고 와서 반갑게 서로 인사를 나눴다. 주인의 이름은 슬리만이라고 했다. 마른 체격의 그는 터번도 망토도 하지 않은 서구식 차림새여서 보통 아랍인들과는 다른 느낌이었다. 알제를 떠나기 전, 주빌이 열심히 이곳의 민박집을 수소문해서 찾은 모양이었다. 슬리만은 민박일 이외에 농사를 짓고 있다고 했다.

그는 말할 때 항상 얼굴에 미소를 지었다. 온화한 그의 표정을 보면 원래 사막에서 살았던 베르베르인 원주민이었거나 집시가 아니었을까 생각했다.

아무튼 우리가 이곳을 떠날 때까지 그가 여러 가지로 도움이 되었으면 좋겠다. 다행스럽게도 무엇이든 필요한 것이 있으면 말하라고 하는 그의 표정이나 행동에 무척이나 안심이 되었으며, 왠지 나에게는 그가 편하게까지 느껴졌다.

민박집 주인과 첫 대면을 하느라 잠깐 차에서 내려 서 있었던 것뿐이었는데 겨울철이라고는 믿을 수 없도록 햇빛은 뜨겁고 강렬했다. 그리고 아직 해가 많이 남았던 터라, 아까 절벽을 내려올 때 보았던 시가지를 먼저 대충만이라도 둘러보고 싶은 마음이 간절했지만, 오늘 하루 종일 사막을 달려온 주빌을 생각하여 슬리만이 안내하는 대로 우리는 그의 집으로 향했다.

주빌은 시가지를 빠져나와 울창한 야자수 숲을 지나고, 흙집들이 옹기종기 모여 있는 조그만 마을을 지나, 뿌옇게 흙먼지를 날리면서 10여 분쯤 달려갔다. 그러자 주변이 나지막한 언덕으로 둘러싸여 있는 황량한 사막이 나오고, 길에서 약간 떨어진 곳에 몇 그루인지 모를 푸른 야자수가 집 전체를 덮고 있는 듯한데, 온통 하얗게 칠한 단층집이 멀리서도 유난히 눈에 띄었다.

집 가까이 가자 낮은 언덕에는 불에 탄 듯 온통 흑갈색의 돌과 바위뿐이었다. 민박집은 도로에서 200미터가량 떨어져 있었는데, 아치형 마로니에가 정겹게 보이고, 집 둘레에는 각종 과일나무와 농작물들이 심어져 있었다.

시가지 가까이에 민박집이 있어서 쉽게 걸어서 다닐 수 있기를 기대했지만, 반대로 주위에 다른 집은 보이지 않는 외진 곳이었다. 그래도 나름대로 조용한 사막의 분위기에 하얀 집은 너무나 잘 어울리는 것 같았다. 또한 집도 예상보다 훨씬 좋아 보였다.

차에서 내려 집 안으로 들어서니, 현관은 따로 없고 입구에는 두꺼운 카펫을 겹으로 걸어놓아 빛이나 모래바람이 들어오지 못하도록 막아두었다. 나는 카펫을 젖히고 안으로 들어갔다. 밝은 곳에서 들어온 탓인지 집 안은 너무 어두워 앞이 잘 보이지 않았다. 그리고 사방을 둘러보아도 빛이 들어오는 창은 한 곳도 없었다.

우리는 조심조심하면서 슬리만이 안내하는 방으로 가지고 온 짐을 모두 옮겼다. 방이라고는 하지만 창이 없어 어둡기만 했다. 크기로 보면 골방 같기도 하였는데 두 사람이 지내기에는 비좁아서 갖고 온 짐을 바닥에 그대로 둘 수밖에 없었다. 바닥에는 짙은 붉은색의 두꺼운 카펫을 여러 겹으로 깔았고, 두 개의 침대가 놓여 있었지만 침대라기보다는 나무 상자 위에 두꺼운 양탄자를 깔아놓은 것뿐이었다. 바깥은 뜨거워서 서 있을 수 없을 정도인데 방 안은 무척이나 시원했다. 일단 짐을 모두 옮겨놓자 나는 그대로 침대에 누웠다.

내가 그토록 가고 싶어 했던 곳에 이제야 왔구나, 하는 성취감이 온몸을 감싸는 것만 같았다.

별빛이 스며드는 방

나도 모르게 저절로 눈이 떠졌다.

그리고 얼굴이 시리고, 온몸이 마비될 듯 한기가 밀려왔다. 잠깐 사이에 옷을 입은 채 그대로 잠이 들었던 모양이었다. 송 교수도 아직 잠들어 있었다. 우선 그를 먼저 깨웠다.

캄캄한 어둠 속에서 추위로 몸을 움직일 수가 없었는데, 조금이라도 몸을 뒤척거리면 그 사이로 한기가 스며들어 온몸이 부들부들 떨렸다. 어둠 속을 더듬어 겨우 갖고 온 가방을 열어 두꺼운 옷을 꺼내 입었다. 그러고도 한참 만에 추위가 가라앉자, 눈이 어둠에 조금은 적응되었는지 벽이며 천장이 희미하게 보이기 시작했다.

눈을 뜬 채, 반듯이 누워 천장을 바라보았는데, 갑자기 참 이상하다는 생각이 들었다. 그리고 원래 이 방에는 창이 없었는데, 하며 도착했을 때 기억을 더듬었다. 방의 어느 곳에도 빛이 들어올 곳이 없을 텐데 어째서 벽이며 천장이 희미하게 보이는 것일까 도무지 알 수가 없었다.

그래서 이번에는 출입문 쪽을 살펴보았다. 어디에도 빛이 들어오는 곳은 없었다. 이상하다는 생각을 하면서도 한편으로는 추워서 움직이는 것이 귀찮아 그냥 누워 있고 싶기도 했다.

추위 때문이었는지 문득 얼마 전 모로코 여행 때 어느 시골 마을에서 하루저녁 머물렀던 민박집이 기억났다. 그때도 사막 지역을 여행하고 있었는데, 낮 동안 겪은 사막의 열기 때문에 저녁에는 심하게 기온이 내려간다는 사실을 알면서도 당장에 무덥다는 생각만 하다가 막상 저녁이 되자 밀려오는 추위 때문에 밤새 고생한 적이 있었다. 얼마나 추웠던지 밤새 오그린 채 잠이 들어 아침에 일어나서도 몸이 마음대로 움직여지지 않았는데 자칫하면 그때와 똑같은 상황이 될 것 같았다. 스토브를 켜야 하는데 지금은 어쩔 수가 없었다.

도대체 지금 몇 시나 됐을까.

여전히 잠에 들지 못한 채 똑바로 누워 천장을 바라보고 있노라니 조금 전의 생각하던 것이 다시 떠올랐다. 창도 없고 달리 불빛이 들어올 만한 곳이 없는데 방 안이 희미하게 보이는 것이 무엇 때문인지 궁금하여 도저히 누워 있을 수가 없었다. 그래서 누운 채 이리저리 머리를 돌려가며 천장이며 벽의 구석구석을 유심히 바라보았다. 그래도 아무것도 이상한 점을 찾을 수가 없어 이번에는 하는 수 없이 몸을 조금 일으켜 세워서, 벽 쪽을 천천히 좌우로 훑어보기 시작했다.

그냥 지나칠 뻔했던 어느 한 지점에 시선이 멈추었다. 방바닥에서 약간 떨어진 높이에 유독 그 부분만 아주 구분이 되지 않을 정도로 약하지만 밝게 보이는 곳이 있었다. 나는 다시 그곳을 유심히 쳐다보았다. 분명 그곳은 아주 희미하게나마 주위보다는 밝았다.

나는 이불을 온몸에 둘둘 말고, 바닥으로 내려와서는 밝게 보이는 부근까지 다가갔다. 그리고 손바닥으로 그곳을 쓰다듬어보았다.

처음에는 벽 한구석에 구멍이 나 있는 줄 알았는데, 그곳에는 손바닥 넓이만 한 크기의 유리가 벽에 박혀 있었다. 그리고 유리 조각 너머 보이는 새카만 하늘에는 무수한 별들이 반짝거리고 있었다.

그때서야, 아, 이것 때문이었구나, 하고 나도 모르게 혼잣말을 했다.

나는 손발이 시려오도록 추웠지만, 자세를 낮추어 조그만 유리 조각을 통해 들어오는 별빛을 바라보았다. 별빛은 마치 아주 먼 옛날 태고의 빛처럼 순수하고 화려한 빛으로 반짝거렸다. 또한, 슬프도록 아름다운 빛처럼 느껴졌다.

한동안 나는 온몸이 추위에 굳은 줄도 모른 채 별빛을 바라보았다. 이 기억이 여행의 아름다운 추억으로 두고두고 남을 것만 같다는 생각이 들었다.

여행의 첫 밤은 그렇게 지나가고 있었다.

복도에 사람들이 오가는 인기척이 났다.

언제 다시 잠들었는지 눈을 뜨니 방 안이 훤했다. 침대에서 일어난 나는 제일 먼저 어젯밤에 본 유리 조각을 찾았다. 벽을 쌓을 때 돌 사이에 끼워 넣어 채광창이 되도록 한 것 같았는데, 민박집 주인의 재치 있는 임기응변이 재미있게 보였다.

일반적으로 사막에 짓는 전통적인 집들은 벽에 창이나 환기구 같은 개구부를 만들지 않고 마당을 통하여 간접적으로 채광과 환기를 해결한다. 그런데 우리가 묵을 이 민박집은 그 평면 형태가 전통적인 주택형과는 판이하게 달라서 방의 채광을 위해서는 어쩔 수 없었는지 모른다.

날이 밝아지자 집 안을 자세히 살펴볼 수가 있었다. 민박집은 기본적으로 집 안의 한가운데에 복도를 두고 각 실들이 복도와 연결되도록 구성한 평면 형태였다. 벽은 돌을 시멘트 모르타르를 이용하여 쌓은 것 같았으며, 천장은 야자수를 말려서 서까래처럼 깔고 그 위에 흙이나 시멘트 모르타르를 바른 것처럼 보였다. 그리고 회반죽으로 건물의 안과 밖을 칠하여 마감하였다. 집 안에서 사용하는 전기는 싼 기름으로 자가 발전하는 것으로 보였으며, 물은 지하수를 이용하고 있었다.

집 안을 대충 둘러보고 난 다음 나는 거실로 나갔다. 거실에는 좌탁이 여러 개 놓여 있었는데, 하얀 냅킨 위에 나이프와 포크가 가지런히 놓여 있고, 오렌지 주스, 빵, 치즈, 커피, 우유, 잼 등이 접시에 담겨 있었다. 온갖 장식품들이 거실의 천장에 매달려 있거나 하얀 벽에 붙어 있었고 바닥에는 붉은 카펫이 꽉 차게 깔려 있었다. 그러나 거실은 마치 동굴 속처럼 빛이 들어오는 곳은커녕 바깥을 내다볼 수 있는 곳이 하나도 없어, 실내에는 낮에도 불이 켜져 있지만 나에게는 무척 답답하기만 했다.

민박집 주인 슬리만이 우리들을 보고는 웃는 얼굴로 인사를 하며 아침식사를 권했다. 그는 참 친절했다.

우리는 아침을 먹으면서 슬리만에게 서울에서 여기까지 오게 된 연유를 자세히 설명하였다. 단순히 관광을 목적으로 이렇게 멀리까지 온 것은 아니라고 강조했다.

그리고 음자브 계곡에서 천 년이란 긴 시간 동안 전통적 생활을 지켜가고 있는 마을 사람들의 생활과 주거의 실태를 보고 싶다는 얘기도 했다. 우리들의 이야기를 듣고만 있던 그가 무엇을 도우면 되느냐고 되물어왔다. 그리고 원하는 것이 있으면 자기에게 말해달라고 했다.

나는 그의 대답을 듣자 속으로 크게 안심이 되었다. 그래서 우선, 높은 곳에서 시가지를 한눈에 내려다볼 수 있는 곳을 안내해달라고 하고, 계곡의 각 마을을 자세히 둘러볼 수 있게 해달라고 부탁하였다.

가르다이아의 음자브 계곡

　주빌은 기다리고 있기가 지루했던지 벌써 시동을 걸고 우리들을 기다리고 있었다. 우리는 곧바로 출발했다.

　차는 어제 왔던 길을 되돌아가는 듯하다가 시내가 가까워지자 갑자기 좁은 언덕길로 올라가더니 고갯길 근처 비교적 편편한 곳에 멈추었다. 언덕 위에는 새로 지은 듯한 조그만 집들이 모여 있었는데, 집들 사이를 지나 모퉁이를 돌자, 앞서가던 슬리만이 손으로 어딘가를 가리켰다. 그곳을 쳐다보는 순간 우리는 일제히, 와 하는 탄성을 저절로 터뜨렸다. 어제, 무려 열 시간이나 달려왔던 1번 국도(알제와 가르다이아를 잇는 도로)가 지평선처럼 하늘과 맞닿아 있고, 국도 아래 거의 수직에 가까운 절벽, 그리고 계곡은 사막을 길게 가르고 있었으며, 그리고 그 속에는 원추형 모양을 한 하얀 집들이 수없이 모여 있는 광경이 눈에 들어왔다.

　슬리만의 말에 의하면, 대충 계곡의 깊이가 깊은 곳은 200미터 가까이 된다고 한다. 다시 말하면 사막, 즉 지평선 아래 깊이가 200미터나 되는 계곡이 있고, 시가지는 계곡을 따라 함께 흐르고 있는 건천 주변으로 펼쳐져 있었다. 또한 앞에서 말한 원추형 모양의 하얀 집들, 즉 성벽으로 둘러싸여 있는 마을이 건천을 따라 군데군데 모여 있었고, 넓은 야자수 숲과 숲 사이에는 빽빽이 하얀 집들이 박혀 있는 듯 보였다.

　정말 장관이었다.

구름 한 점 없는 푸른 하늘의 태양 아래, 끝없는 모래사막이 펼쳐져 있다. 그리고 그 아래로, 사막에서는 도저히 보이지 않는 계곡에는 천 년을 이어온 마을이 넓은 초록의 야자수 숲과 어울려 있는 광경은 아무리 보아도 별천지 같았다.

사막에서 이 광경을 상상이나 할 수 있었을까. 차차 흥분했던 마음이 가라앉자 사방이 좀 더 자세히 눈에 들어오기 시작했다.

지금 내가 보고 있는 저 계곡을 가르다이아의 음자브 계곡이라고 한다. 계곡은 동서로 길게 뻗으며 에르그(Erg)를 남북으로 가르고, 가파른 절벽 아래에는 하얀 모래로 덮여 있는 메마른 건천(Oued-M.Zab)이 흐르고 있다. 그리고 그 주변에는 대추야자나무가 숲을 이루고 있으며, 숲 사이로 오아시스가 계곡을 따라 여기저기 흩어져 있다. 아마도 건천은 시가지가 형성되는 데 중요한 요인으로 작용하는 듯했다.

슬리만의 설명에 의하면, 오아시스 주변에는 부유한 상인들의 주택들이 야자수 사이로 보이지만, 불과 얼마 전까지만 하더라도 이곳은 마을 사람들이 뜨거운 여름의 햇빛을 피하고 농작물을 경작하기 위한 여름철 주거지와 경작지였다고 한다.

지금처럼 건천 주변으로 무분별하게 확장된 시가지를 만일 옛 모습으로 되돌려 놓는다면, 계곡은 야자수 숲으로 가득하고, 그 한가운데를 건천이 마을에서 마을로 흐르고 있을 것이다.

무하마드의 사망 이후, 이슬람의 분열과 분쟁으로 인한 과격파로부터의 추격을 피하여 은둔할 곳이 필요했던 무슬림들이 이곳으로 이주해왔다고 전해지고 있다. 그 이후로 지금까지 마을 사람들은 이슬람의 계율을 지켜가며, 그들만의 생활방식과 전통을 이어가고 있는데, 그 세월이 무려 천 년을 지났다고 한다.

아무리 말과 글로 이 마을을 소개한다 해도, 지금 내가 보고 있는 이 광경을 실감나게 표현할 수는 없을 것만 같았다. 말하자면, 계곡은 독특한 지형적 특징으로 인하여 외부로부터 완전히 단절된 세계였다. 계곡의 자연적 지형적 특징은 은둔이 필요했던 사람들에게 분명 최적이었을 것이다. 그러나 동시에 물 또한 생존을 위해서는 절대적으로 중요한 조건이었을 것이란 생각이 들었다. 그래서 나는 다시 건천과 푸른 야자수 숲과 마을의 집들을 바라보면서, 도대체 물은 어디에? 하는 의문을 가졌다.

내 옆에 서서 함께 시가지를 바라보고 있던 슬리만이 전혀 내가 알아듣지 못하는 말로 혼자서 말하려 했던 것도 역시 건천과 물에 관한 것이었으리라 싶었다.

그의 말에 의하면, 지금은 메말라 있는 건천 아래에는 엄청난 물이 저장되어 있다고 한다. 더욱 놀랍게도, 8~9년에 한 번씩은 건천이 범람할 만큼 사하라 사막에는 큰 홍수가 일어나는데, 그때 많은 물이 지하 암반층으로 스며들어 저장된다는 것이다.

사막에 홍수라니 도저히 믿겨지지 않았지만, 멀리서나마 건천의 흔적과 규모를 보거나, 주변의 울창한 야자수 숲을 보고 있노라면 전혀 터무니없는 말이라고 일축하지도 못할 것 같았다. 슬리만은 내가 완전히 자기 말을 믿지 않는 다고 생각하였는지, 직접 눈으로 확인시켜주겠다고 말하면서 미소를 짓는 것이었다. 그래도 나는 사막에 홍수라니, SF영화에서나 나올 법하지 않나 하는 생각을 지울 수가 없었다.

우리는 그렇게 한참 동안 언덕 위에서 자연과 인간이 만든 신비스러운 도시, 가르다이아의 시가지를 바라보고 있었다.

그때 언덕 위로 시원한 바람이 불어왔다. 슬리만이 엄지손가락을 세워 보이는 것을 신호로 곧바로 언덕을 내려왔다. 그리고 그길로 우리는 계곡에서 가장 오래됐다는 마을, 엘아테우프로 향했다.

차가 엘아테우프를 향하여 꼬불꼬불하고 좁은 계곡 사이를 달리는 동안, 슬리만은 여러 가지를 설명해주었지만, 나는 별로 귀담아 듣지를 못했다. 그것은 천 년이 넘는 역사와 전통을 지금도 이어가며 살아가는 것이 실제 가능한 일일까 하는 의문과 마을에 대한 호기심에 차가 달리는 내내 사로잡혀 있었기 때문이었다.

04

음자브 계곡에는 다섯 개의 마을이 있다.

각 마을은 모두 건천 가까이 터를 잡고 있으며, 마을이 자리 잡은 터는 세브카(chebka)라고 하는 단단한 지질로 된 안반인데, 그 형상이 마치 거북이 등을 닮은 원추형 모양이라고 했다(가르디아아 마을이 대표작인 예). 마을의 제일 높은 곳에는 사원이 있고, 사원을 중심으로 동심원을 그리며 아래 쪽으로 확장되면서 마을의 외곽을 둘러싸고 있는 성곽에 다다르게 되면, 더 이상 주택을 지을 수 없 는 포화상태가 된다. 그때는, 또 다른 곳에 마을의 터를 정해서, 앞에서 말한 것과 똑같은 방식으로 새로운 마을이 생겨나는데, 그렇게 하여 생겨난 마을이 계곡에 다섯 개인 것이다.

각 마을이 계곡에 들어서게 된 시기는 1011년에서 1350년 사이라고 한다. 각 마을의 규모나 유래 는 서로 다르지만, 다섯 마을이 형성되었던 시기는 나름대로 어떤 순서를 가지고 있다.

참고로 다섯 마을의 형성 시기를 순서별로 적어보면, 제일 오래됐다는 엘아테우프(El.Atteuf, 1011) 를 시작으로, 그 다음이 부누아라(Bou-Noura, 1046), 가르다이아(Ghardia, 1048), 베니이스겐(Beni-Isguen, 1347), 멜리카(Melika. 1350)의 순인데, 각 마을은 각각의 이름 외에 제각기 독특한 이미지를 가 지고 있다. 예를 들면, 멜리카는 여왕, 부누아라는 빛의 마을, 베니이스겐은 성스러운 마을이라는 식 이다.

이 다섯 마을은 여행자의 숙박, 술과 담배가 금지되어 있을 뿐만 아니라, 이슬람교도 외에는 가이드 없이 마을 안으로 들어갈 수가 없다고 한다. 또한 주민들의 얼굴을 촬영하는 것은 엄격히 금지되어 있고, 여성의 경우 타인과의 대화가 금기시되며 하얀 천으로 전신을 가려야 하고 조그맣게 뚫린 구멍 사이로 한쪽 눈으로 앞을 보며 걷는다. 그리고 이들은 지금도 이슬람의 청교도라고 불리며 옛날의 계율과 전통을 지키며 살고 있나.

마을의 역사를 조금 더 자세히 들여다보면, 이슬람교의 지도자 무하마드의 사망 후, 후계자들의 세력다툼으로 종교적 분열이 일어나고, 계속되는 파티마 왕조의 박해와 11세기 중엽의 힐랄 부족(Hilalien)의 침략, 13세기 중엽 엘 미요르키(El Miyourki)의 침략으로 마그레브 지역에 흩어져 살던 이바디파(Ibadite)들이 음자브 계곡으로 이주하게 되었다. 이 이후에도 베르베르족, 아랍족, 페르시아족 무슬림들이 이주하면서 이바디즘(Ibadism)을 받아들이고 이들에게 동화되면서 계곡으로 모여들게 된다. 이바디파는 종족 공동체나 배타적인 특별한 집단이 아닌, 사막의 열기를 무릅쓰고 종교적 박해를 피해 종교의 공통적 이상으로 뭉친 말하자면 사상적 공동체라고 말할 수 있는데, 이들은 엄격한 순수주의와 평화주의에 의하여 9세기에 이라크로부터 쫓겨난 하리지파(Kharidjite)와 같은 종파에 속하는 사람들로서 이들이 계곡으로 이주하기 전에는 제나타스(Zenatas)라고 불리던 베르베르 유목민 — 현재의 음자브 주민들의 원주민 — 들이 사는 보잘것없는 곳이었다.

계곡에 도착한 이슬람교도들은 이슬람화된 베르베르족 사람들과 함께 이곳에 정착했다고 한다.

엘아테우프에서의 시간 여행

우리가 탄 차는 좁은 계곡 사이를 한참 달려 우측으로 휘어진 길의 모퉁이에 제법 넓고 편편한 공터가 나타나자 그 끝에 멈추었다.

엘아테우프(El.Atteuf)의 입구였다.

여기서 가장 가까운 마을까지 약 7킬로미터 떨어져 있다고 했다. 입구 주변은 좁고 가파른 계곡과 산으로 둘러싸여 낮에도 햇빛이 들지 않을 정도로 어두웠고, 마을의 전경이나 입구는 그 위치의 지형적인 특징에 의하여 먼 곳에서는 보이지 않았다. 입구에서 마을을 정면으로 바라보면, 마을이 자리잡고 있는 터의 지형이 정말 묘하게 생겼다는 느낌이 들었다.

우선 간단히 설명하면, 계곡 사이의 좁고 꾸불꾸불했던 길이 오르막으로 접어들기 시작하는 곳, 즉 마을의 입구부터는 계곡의 폭이 넓어지면서 급한 경사가 시작되고, 그리고 계곡과 계곡 사이의 마치 부채꼴처럼 생긴 급한 경사지에 마을이 자리잡고 있었다.

따라서 마을의 아래쪽, 즉 입구의 성문을 지나 광장까지는 평지이며, 광장에는 상점이나 노점상들이 줄지어 있다. 다시 광장을 지나면 주거지역으로 들어가는 출입구가 있는데 여기서부터 경사가 점차 급해진다. 마을을 감싸고 있는 성벽은, 입구나 성문이 있는 부근에서부터 마을 위로 올라갈수록 부채꼴 모양처럼 변하며 마을 전체를 두르고 있었다.

슬리만을 선두로 성문 안으로 들어가 보니, 광장은 초승달처럼 좁고 긴 곡선 모양이었다. 광장을 지나자 끝 부근에는 주거지가 시작되는 출입문이 있었지만, 아무도 우리들을 제지하는 사람은 없었다.

출입문을 지나자 V자 모양으로 길이 갈라지고, 그 오른쪽으로는 오르막길이 쭉 뻗어서 마을 꼭대기에 있는 봉화대로 이어지는데, 길옆으로 성벽이 마을의 외곽을 감싸고 있는 모습이 보였다. 한편 그 왼쪽 길은 비교적 완만한 오르막길로서 사원과 이어진다. 따라서 오른쪽은 마을 꼭대기까지 빠른 길이지만 경사가 심한 길이며, 그 반대로 왼쪽 길은 멀지만 경사가 완만한 길인 셈이었다.

마을의 사원은 계곡에 가까운 평지에 위치하고 있어서 마을 안에서는 내려다볼 수 있는 곳에 있다. 이 사원을 건설할 당시의 모습을 자세히 알 수는 없지만, 짐작하건대 돌과 진흙, 그리고 야자수로 지었던 것으로 보였다. 지금은 건물 전체를 흰색으로 칠하였는데 실제로는 사용하지 않고 지역 문화재로 보존하고 있는 것 같았다. 사원의 출입은 남녀가 엄격히 구분되어 있었는데, 여자의 경우는 건물 정면의 넓은 현관을 사용할 수가 없으므로, 건물 외부의 벽에 지하로 내려가는 조그만 계단을 이용해야 했다. 지하에는 여자들만의 기도실이 별도로 구획되어 있는데, 빛이 전연 들어오지 않는 곳이었다. 남자들을 위한 기도실은 기도 시간에 따라 빛이 들어오는 방향이 다르며, 외벽과 내벽이 모두 두꺼워서 벽에 요철을 만들어 물건을 수납할 수 있도록 하였다. 이러한 점은 불필요한 물건을 없애고 검소한 생활을 실천하라는 이슬람교의 가르침 때문이었을지도 모르겠다.

참고로 말하면, 프랑스를 대표하는 현대건축의 거장인 르 코르뷔지에는 간혹 그의 건축적 영감을 음자브의 계곡에서 찾았다고 말했는데, 특히 엘아테우프의 하얀 성당은 그의 후기 대표작이기도 한 롱샹의 예배당에 강한 영향을 끼쳤다고 한다.

주거지로 들어가는 두 갈래 길의 사이를 잇는 골목길은 위로 올라갈수록 복잡하게 얽혀 있어서 잘못 들어가면 길을 잃어버릴 것만 같았다. 어둡고 좁아서 겨우 한 사람이 지날 수 있을 정도의 길이나 하늘이 보이지 않는 낮은 통로와 같은 길들이 서로 얽혀 있었다.

오르막길의 중간쯤에는 지금도 재래식으로 물을 길어서 사용하는 공동우물이 있었다. 우물 주변에서 어린아이들이 놀이터처럼 놀고 있었는데 우리들을 보자 모두 어디론가 흩어졌다.

마을에서 제일 높은 곳에 다다르자 높이 6미터 정도의 봉화대가 있었다. 슬리만의 설명으로는, 마을이 위급한 상황에 처하게 될 때, 불을 지펴 다른 마을에 알리는 곳이라고 했다.

마을 뒤쪽의 높은 곳에는 마을 사람들의 공동묘지가 있었다.

마을의 주택들은 세대별 경계가 모호하여 그 경계를 구분할 수가 없으며, 세대 간의 벽과 지붕 역시 모두 연결되어 서로 공유하고 있는 상태였다. 그래서 마을의 주택은 그 수를 셀 수가 없으며 주거 형태가 커다란 하나의 덩어리가 되어 위에서 아래로 경사지를 따라 흘러내리는 것처럼 생각되었다. 오랫동안 방치한 탓인지 흙벽은 벗겨지거나 떨어져 나간 부분들이 많아 폐허처럼 낡아 보였으나, 외관에 문제가 있다고 할 수 없는 게, 실제 지금도 주민들이 살고 있는 집이었다. 집집마다 목재로 된 낮은 출입문이 있었지만 그 외에 벽에는 창이나 개구부를 볼 수 없었다.

골목길을 이리저리 기웃거리는 동안, 한 집만이라도 집 안을 들여다볼 수가 있었으면 하는 마음이 간절하였지만, 이슬람의 계율상 어쩔 수 없는 일이었다.

마을을 내려오면서, 당시 이곳에 마을의 터를 정하고 집을 지어 은둔 생활을 하였던 사람들은 과연 무엇을 위하여 고난을 인내하며 살았을까 하는 생각을 했다. 지금도 마을 사람들은 자연에 순응하며 이슬람의 율법을 목숨처럼 지키며 살아가고 있다고 했다. 나는 마치 시간이 멈춘 듯한 공간 속에서, 천 년 전으로 시간여행을 다녀온 것 같은 느낌이 들었다.

그리고 역시, 엘아테우프는 은둔의 생활을 위하여 만들어진 하나의 요새와도 같았다.

05

마을 사람들은 그들 스스로의 개인적인 생활을 유지하면서도 재판과 행정상의 권한을 음자브 계곡 전체에서 가장 높은 권위를 지니고 있는 아자바(Azzaba)라고 불리는 사람들에게 맡기고 있다. 각각의 마을은 아자바로부터 선택된 제마(Djemaa)라고 불리는 장로들에 의하여 자치적으로 문제를 해결하고 있으나, 아자바의 동의를 얻어야 하며 모스크에서 그것을 위한 전체 회의가 열린다. 모스크는 절대적 권위와 통제를 행사하며 사람들에게 엄격한 종교적 생활을 요구한다.

우물가의 야자수

가르다이아란 마을의 이름이 언제부터 가르다이아 시명 및 지명으로 함께 통용되고 있는지는 알 수가 없지만, 현재 음자브 계곡에 있는 다섯 마을 가운데 가장 규모가 큰 대표적인 마을로 알려져 있는 것은 사실이다.

1048년, 약 40년에 걸쳐 건설되었던 가르다이아는 이곳에 도착하던 날, 계곡 아래로 내려가면서 차창 밖으로 유난히 독특한 그 전경이 눈에 띄었던 마을이었다. 마을의 가장 높은 곳에 우뚝 솟은 미나레트가 유난히 높아 보이고, 원추형 모양으로 생긴 마을의 형태가 무척 호기심을 불러일으켰다.

오늘은 가르다이아를 둘러보기로 하고 우리는 슬리만과 함께 아침을 적당히 끝내고 민박집을 나섰다.

여전히 하늘은 맑고 푸르고, 상쾌한 바람이 불어왔다. 사막의 날씨는 계절과는 아무런 관련이 없는지 모르지만, 오전까지는 밤새 내려갔던 기온 탓인지 불어오는 바람이 비교적 무겁고 시원하다.

주빌은 매일 다니던 비포장길을 오늘도 흙먼지를 뿌옇게 날리며 달렸다.

차는 가르다이아 시가지를 지나 북쪽 끝 약간 오르막길을 달리자, 곧바로 성벽 안으로 들어가는 커다란 문, 엘아테우프 마을의 성문과는 스케일이 다른 문 앞의 넓은 공터에 멈추어 섰다.

엘아테우프 마을의 첫인상이, 은둔을 위한 사람들의 요새와도 같은 분위기였다고 한다면, 가르다이아는 우리나라의 옛 장터와 같이 이 지역 사람들이 모두 모이는 상업 또는 교역의 중심지처럼 북적거리고 있었다. 육중한 성문을 지나면, 바로 사각형의 넓은 광장이 나타나고, 이곳을 중심으로 시장이 사방으로 퍼져 있다.

나는 광장에 들어선 뒤 마을의 전경을 보기 위하여 어느 상점의 2층 발코니로 올라갔다. 그랬더니 맑고 파란 하늘을 배경으로 마을의 전경과 스카이라인이 무척 가깝게 눈에 들어왔다. 며칠 전 언덕 위에서 바라볼 때와는 달리, 자세하고 박력 있게 내 눈앞에 다가왔다. 나는 이 순간의 풍경이야말로 내가 지금까지 보고 싶어 했던 바로 그 광경이 아닐까 하는 느낌이 들었다. 그리고 바로 이 전경 때문에 많은 사람들이 가르다이아에 매료당하는 것은 아닐까 하고 생각했다.

발코니에 서서 마을을 정면으로 바라보면, 마을 꼭대기의 미나레트가 마을 전체의 곳곳을 내려다보는 것처럼 우뚝 솟아 있고, 주택들은 완만한 경사를 유지하며 원추형으로 모여 마을의 형태를 이루고 있었는데, 그 전경은 내가 여태까지 본 어느 마을보다도 특이한 형태를 보여주었다. 또한, 각 주택의 외형은 기본적으로 개구부가 없는 사각형의 벽으로 구성되어 있는데, 그 경계가 모호하고 대단히 무질서한 면의 집합체로 보이지만, 도리어 그 모습이 비밀스럽고 신비스럽다는 느낌마저 주었다. 그런데 그와 같은 느낌을 강조나 하듯이, 사막의 강렬한 햇빛이 흙과 모래의 황색 벽면에 아주 강한 그림자를 드리우며, 시시각각으로 변하는 그림자는 그때그때 그 느낌을 바꾸고 있었다.

이미 이곳을 다녀간 사람들의 말을 빌려보면, 마을의 형태가 비현실적이거나 큐비즘적이라고 하기도 했고, 그 형태가 비밀에 찬 예식의 장소처럼 비쳤다, 또는 픽션 속에 사람이 살고 있다는 인상을 크게 받았다고 말하기도 했다. 프랑스인 건축가로서 오랫동안 이곳을 비롯하여 알제리 각지에서 설계와 집락에 관한 연구를 한 앙드레 라베로(André Raverau)는, 가르다이아는 시스템으로 건설된 요새다, 음자브 계곡의 사람들은 원래 사막에서 사는 사람들이 아니었다, 10세기 북아프리카의 지중해 연안으로부터 종교적 박해를 피하여 이 지역으로 유입된 사람들이며, 그들은 이 토지에 적응하는 새로운 건축으로서, 즉 자신들의 마을을 만든 것이다, 라고 말했다고 한다. 아무튼 가르다이아는 지금도 건축가들에게는 물론 누구에게나 상상력을 자극하는 원천의 하나로 살아 있는 것만 같은 느낌을 받았다.

이번에는 시선을 광장 쪽으로 돌려 바라보았다. 직사각형 모양의 꽤나 넓은 광장이었으며 바닥에는 돌이 깔려 있었다. 그리고 시장, 각종 상점, 카펫을 집 전체에 걸어놓은 집 등이 광장 주변을 메우고 있었다. 한때 사하라에서 오는 대상들의 중계점이기도 하였다는 이곳은 지금도 사하라로부터 여러 가지 물품들이 모여들고 있는지 시장은 제법 활기에 차 있었다.

광장 바닥에는 장사꾼들이 제각기 가져온 물건을 바닥에 줄지어 늘어놓아 지나갈 적에는 조심해야 했다. 도대체 무엇을 팔려고 하는지 나는 무척 궁금했다.

여러 종류의 대추야자 열매, 콩과 밀과 잡곡들, 이름을 알 수 없는 각종 채소들, 그리고 의류, 그릇과 냄비, 생활용품 등을 팔려는 상인들과 사려는 사람들이 광장 가득히 북적거렸다. 그리고 특히 시장 안에 정육점이 있었는데, 무심코 지나가는 순간, 나는 깜짝 놀라 얼른 눈을 돌렸다. 정육점의 진열장 안에는 깨끗하게 손질을 한 대략 30개 정도는 되는 낙타 머리가 가지런히 놓여 있었기 때문이었다. 정육점에 낙타 머리라니 여태 상상이나 하였겠는가. 나는 무척 놀라서 마침 내 옆을 지나가는 송 교수에게, 저것 좀 보라며 손가락으로 가리켰다.

그렇게 한참 동안, 시장과 주변 상점들을 기웃거리며 돌아다녔는데도 어린아이나 여자를 본 적은 없었다.

광장 구경에 눈이 팔려 시간 가는 줄도 모르고 있었는데, 오늘 우리들을 마을 안으로 안내해줄, 지정된 안내인이 왔다. 머리에는 터번을 두르고 모자가 달린 회색의 긴 가운같이 생긴 옷을 입었으며 무척 키가 컸다. 우리들은 곧바로 그를 따라 마

을 안으로 들어갔다.

가르다이아는 엘아테우프보다 그 규모가 몇 배는 커 보였다. 무슬림들의 주거지로 들어가는 진입로의 폭은 4미터 정도였으며, 그 진입로의 입구에는 별도로 출입구가 있었던 흔적이 남아 있었다. 그리고 출입구의 윗부분에는 지나다니는 사람들을 감시하는 곳이 있었는데 사방은 벽으로 막혀 있고 군데군데 바깥을 볼 수 있는 조그만 구멍이 여러 개 뚫려 있었다.

가르다이아 마을 안의 길은 모두 꼭대기에 있는 사원으로 통한다고 가이드가 말했다.

마을 입구에서 사원으로 가는 길은 두 가지인데, 하나는 최단거리이지만 계단으로 가야 하고, 두 번째는 완만한 경사로이지만 멀게 돌아서 가야 했다. 우리는 일단 완만하게 경사진 길을 택했다.

가이드는 올라가는 동안 여러 가지 얘기를 들려주었다. 예를 들면, 사원에 가까울수록 오래된 집이라든지, 길에 면한 주택의 층수는 2층 이하, 그 높이는 7.5미터로 제한되어 있다든지, 주택의 출입문은 각각 모양과 색깔이 다르지만 개폐 시에는 반드시 허리를 굽혀야 할 정도로 낮게 설치하며 문에는 자물쇠가 없지만 집집마다 가족 외에는 절대 알 수 없는 비밀장치가 있다는 등의 설명을 해주었다. 집들에는 전연 창이 없으며 개구부라고는 출입문밖에 없었다. 따라서 각 주택에서 실내의 채광과 환기를 어떻게 해결하는지를 알기 위해서는 주택의 내부를 직접 들여다봐야 하지만 현재로서는 어쩔 도리가 없었다.

어느덧 사원이 있는 가장 높은 곳까지 올라왔지만, 무슬림이 아니면 아예 사원 내부로 들어갈 수는 없었다.

마을을 내려가면서, 나는 여러 가지 생각에 여념이 없었다. 이토록 타인의 시선과 접촉을 꺼리며, 타인을 경계하고 배타적인 마을이 어떻게 그렇게 긴 세월을 견디며 역사며 전통을 이어올 수가 있었을까 하는 의문이 수수께끼로 남았다.

사원에서 중간쯤 내려왔을 때, 어제 갔던 마을에서 본 것과 같은 공동우물터가 옛 모습 그대로 남아 있었다. 단지 옛날에는 당나귀를 이용했다면 지금은 전기모터가 대신하여 물을 공급하고 있다고 한다.

나는 한동안 유심히 우물터를 쳐다보면서 어제 보았던 엘아테우프의 공동우물터를 머릿속에 떠올려보았다. 어제는 무심코 지나쳐버렸지만, 우물터 바로 옆에 제법 큰 야자수 한 그루가 푸른 나뭇가지를 자랑이나 하듯 넓게 그림자를 드리우며 서 있었다. 지금 우리들이 보고 있는 이곳은 도저히 나무가 살 수 없는 곳일 텐데, 하는 의문 때문에 나는 가이드에게, 왜 야자수 나무가 여기에 있느냐고 물었다.

그는, 근년에 들어서부터 양수용 전기 모터를 이용하게 됐지만, 그전에는 당나귀를 이용했기 때문에 자연히 바닥에 물을 흘리는 것이 아까워서 나무를 심게 되었다고 설명하였다. 현재는 인근의 주민들이 돌아가며 물을 주고 있다고 했다. 물을 아끼는 마을 사람들의 마음과 지혜가 너무나 감탄스럽기만 했다. 삭막한 주거환경에서 푸른 나무 한 그루가 마을이 살아 있음을 알려주는 것만 같았다.

잠깐이나마 숨을 돌리나 싶었는데 재촉이나 하듯이 가이드가 앞장서서 다시 내려가기 시작했다. 그때 사원의 미나레트에서 기도 시간을 알리는 소리가 마을 전체로 울려 퍼지기 시작했다.

처음 만났던 장소로 돌아오자, 그는 손을 반쯤 올리더니 순식간에 저만치 앞서서 사원으로 다시 올라갔다. 나는 그가 걸어가는 쪽을 쳐다보았다. 여러 사람들이 빠른 걸음으로 사원을 향하여 올라가고 있었는데, 모두 혼자였다.

두말할 필요도 없이, 마을 사람들의 생활은 이슬람교의 사상을 기반으로 하고 있었다. 조금 전까지 우리들이 보았던 좁은 골목이 미로처럼 서로 얽혀 있는 구조는, 외부의 적으로부터 스스로를 방어하려는 목적과 동시에, 타인에게 자신의 행동이 알려지지 않게 하려는 의도 역시 크게 작용하고 있는 것만 같다는 생각이 들었다. 왜냐하면, 이들은 지금도 타인이 질투나 악의의 시선으로 자신을 쳐다보면 불행해

진다는 민간신앙을 믿고 있기 때문이다.

　민박집으로 돌아온 다음에도, 마을을 둘러본 후의 여운이 선명하게 남아 있었다.
　공동우물터의 야자수 한 그루, 사각형 벽으로 이루어진 주택과 마을들, 골목길에서 사라진 사람의 온기 등에 대한 감정이 다시 살아나는 듯하였다.
　그리고 또 한편으로는 집 안의 실상을 한번이라도 볼 수가 있었으면 좋겠다는 생각이 점점 더욱 절실해지는 것만 같았다.

06

최초의 마을이 모습을 갖추는 데 40년이 걸렸다고 한다. 사람들은 그들을 쫓는 세력으로부터 마을을 방어하고 햇빛과 물을 얻어야 하는 조건을 해결하기 위하여 이곳을 선택하였다. 그들은 처음부터 치밀하고 명확한 계획과 방법으로 마을을 건설하였는데, 구체적인 예를 들면, 어느 집에서도 모스크의 탑 미레네트가 보여야 한다는 점, 길은 모두 모스크로 통하게 한다는 점, 어떤 건물이든 어떠한 조직이나 계층과 무관하다는 점, 주택의 크기는 가족의 규모에 의하여 정해지는 점 등을 들 수 있다.

또한, 주택을 포함한 모든 건물은 모두 동일한 재료와 구법을 사용한다. 큐빅한 형태의 주택에서는 어떠한 위계적 질서를 찾을 수는 없으며, 주택의 형태는 기본적으로 사각형의 큐빅한 면의 구성체이므로 햇빛은 그 명암을 선명하게 나타내고, 색깔은 모래의 원색을 기본으로 삼았다.

마지막으로, 처음부터 엄격하게 정형화된 규칙에 따라 건설되었던 가르다이아(1048)는 엘아테우프(1011)가 건설될 당시부터 이미 계획되고 있었는지도 모른다. 왜냐하면, 마을의 확장과 성장을 예견하여 마을의 규모가 최적의 상태에 이르면 그 다음 마을의 건설을 계획하고 있었을 것이기 때문이다.

사막의 건천

며칠째나 됐을까. 이젠 민박집에서 보내는 시간이 그렇게 서먹하게 느껴지질 않는다. 그래서 그런지 민박집 바닥에 깔린 붉은색 문양의 카펫이 더욱 푹신하게 느껴지고, 구석구석에 놓여 있는 장식품들이 유치하게 보이지도 않았다.

그리고 언제나 똑같은 자리에 놓여 있는 탁자, 그 위에는 두세 종류의 빵이 담긴 바구니와 치즈, 햄, 오렌지 주스, 커피 주전자, 우유가 놓여 있는데, 베이컨이나 햄만 있으면 유럽의 어느 집 못지않을 차림이다.

여기로 온 이후 하루도 쉬지 않고 돌아다닌 탓인지, 피로가 쌓여 몸이 무거워진 탓인지 자꾸 눕고 싶은 생각만 들었다. 그래서 오늘 같은 날은 민박집에 머물면서 사막의 경치나 만끽하고 늘어지게 자는 것이 좋으련만, 민박집은 벽에 창이 없고 빛이 들어오는 곳도 없다보니 집 안은 굴속 같고, 거실에 앉아 있으면 동굴 속에 있는 기분이었다. 그렇다고 바깥으로 나가자니 햇볕이 뜨거워 나갈 수가 없다.

매일 아침마다 겪는 일이지만 마을로 가려면 서둘러야 했다.

정오가 되면 오후 4시까지 점심과 기도 시간이므로 상점은 철시를 하고 집집마다 굳게 문을 닫는다. 그래서 이 시간에 길에서 사람을 만나는 일은 거의 없는데, 기도 시간이 끝나면 저녁 6시까지는 다시 평상으로 돌아간다. 하여간 여행자들에게는 오후의 긴 시간이 무척 불편한 곳이었다.

요 며칠 동안 매일 오갔던 길이라 오늘도, 주빌은 흙먼지를 날리며 빠르게 차를 몰았다. 누렇게 변한 풀 뭉치가 모래에 억척스럽게 붙어 있는 들판을 지나자, 흙먼지를 온통 덮어쓴 채 서 있는 야자수 숲이 나타났다. 여기를 매일 지나갈 때마다, 나는 저 나무들은 어떻게 살아 있을 수 있는지 늘 궁금했다.

슬리만이 주빌에게 길가에 차를 세우라고 말하는 것 같았다. 슬리만이 말하는 대로 차에서 내려서자 깨끗하고 상쾌한 공기가 온몸으로 스며드는 것 같았다.

우리는 슬리만의 뒤를 따라가기 시작했다. 그는 건천이 있는 쪽으로 가고 있었다. 그곳에는 대략 낙차가 3~4미터의 콘크리트로 만든 육중한 댐이 건천을 가로막고 있었고, 강바닥에는 온통 세브카(암반)와 커다란 바위가 널려 있었다. 말로만 들었던 사실을 직접 눈으로 보았다.

가까이서 건천을 보니 멀리서 볼 때와는 너무 다르고 위험해 보였다. 우리는 댐 위를 걸어서 건너편으로 갔다. 건너편에는 두 마리의 당나귀가 우물 주위를 빙글빙글 돌면서 지하수를 퍼올려 야자수 숲속으로 쭉 뻗은 수로를 따라 어디론가 물을 보내고 있었다. 그때서야 나는, 아, 바로 이것이었구나, 했다. 그리고 주변을 살펴보았다. 방금 지나온 건천을 멀리서 보면 메마른 모래처럼 보였지만, 이렇게 가까이서 보니 도저히 위험하여 함부로 건너갈 수 없을 정도로 바위들은 크고 그 사이가 깊었다.

슬리만이 말하기를, 간혹 쏟아지는 비가 건천으로 모여 하천을 이루면, 하천의 물을 댐으로 가두어 지하의 암반 사이로 스며들게 하여 저장한다고 한다. 지하의 암반층은 넓고 깊어서 계곡에 있는 다섯 마을 사람들의 식수는 물론, 농경지의 경작을 위한 농업용수로 사용한다고 했다. 참고로, 이 지역의 연평균 비가 내리는 날은 12일 정도에 불과하다고 했다. 나는 보고도 믿겨지지 않아 마치 땅속이 보이는 듯 계속 바위들과 암반을 쳐다보았다. 오로지 신기할 따름이었다.

여름철 섭씨 50도를 오르내리는 그야말로 건조한 이곳에, 비가 오아시스도 아니고 강이 되어 흐른다는 사실부터 상상조차 힘든 일인 데다, 더구나 그 강물이 지하로 스며들어 지하의 엄청난 암반층이 물탱크의 역할을 하고 있다는 사실이 놀랍기만 하였다. 그리고 나는 마음속으로 이처럼 기적과도 같은 자연현상이 계곡의 주민들에게 내린 신의 축복인 것만 같다는 생각을 했다.

물의 귀함을 알고 있는 무자비트 — 마을 사람들은 물을 구하고 나누는 가장 합리적이며 치밀한 방법을 만들어냈으며, 또한 그것이 마을(크사르, Ksar)의 위치와 범위를 정하는 중요한 요인이 된 것이다.

실제로 오래전부터 마을 사람들은 계곡의 구석구석으로 물을 공평하게 분배하기 위해 경계를 정하고, 물의 확보를 위한 용의주도한 계획을 세웠다고 한다. 그리고 지상과 지하에 저수지를 만들기 위하여 하천에 댐을 건설하고 빗물을 댐의 지하 80~120미터 깊이의 암반이 갈라진 곳이나 스아기(Souagui)라고 불리는 관개용수로를 따라 정원으로 옮겨 저장하였다고 한다. 그리고 계곡에는 3천 개 이상의 우물이 지하 저수조와 연결되어 있다고 한다.

슬리만의 말에 의하면, 실제 8~9년에 한 번 정도의 큰 홍수에 대비하여, 댐은 물의 범람을 막고 지하 암반층 사이로 빗물이 스며들게 하여 지하수로 저장하기 위하여 만든 것이다. 슬리만 덕분에 궁금하게 여기고 있었던 것들이 풀렸다.

다시 차로 돌아오자, 슬리만은 얼굴에 미소를 지으며 이해가 됐느냐는 표정이었다.

무슬림의 삶과 종교

슬리만은 부지런하고 매우 친절한 아랍인이다. 그는 항상 미소를 머금은 듯한 친근한 표정을 짓는다. 수염은 기르지 않고 눈썹이나 눈언저리가 진하지 않아 아랍인으로 동화한 베르베르인이 아닐까 했는데 직접 본인에게 물어보지는 못했다.

그는 우리들이 이곳에 도착한 이후, 기도 시간을 제외하면 대부분 우리들과 함께 시간을 보내고 있다. 그 덕분에 음자브 계곡의 마을에 관한 여러 가지를 알게 되었다. 그 가운데서도 거실에서 저녁을 먹던 어느 날, 나는 그에게 두 가지 질문을 던졌다. 첫째는, 계곡과 마을 주변의 야자수 숲에 관하여, 왜 하필이면 야자수를 심느냐고 물었다.

그랬더니 그는, 계곡의 물은 소금기가 많아 다른 농작물은 성공할 수가 없었다고 말했다. 그리고 이미 대추야자는 음자브 계곡의 대표적인 농산물로서 매우 오래전부터 이어져오고 있다고 했다. 대추야자수는 6~8월 사이에 심으며 수확은 9~11월 사이에 한다고도 말했는데, 현재 계곡의 대부분의 야자수는 대추야자이며 보통 심은 지 7~8년이 지나면 수확하는데 대략 30년이 지났을 때 가장 많은 열매를 맺으며, 수령은 140년 정도 된다고 했다. 그 외에도 집을 지을 때 반드시 필요한 목재로서 사용되는데 대단히 단단하며 썩지 않는다고 말했다.

둘째로, 현재 성벽 안에 있는 전통주택의 경우, 내부의 각 실의 배치가 일반적으로 어떻게 되어 있느냐고 물었다.

슬리만은 다시 설명해주었다.

어느 집이나 한가운데의 중정을 중심으로 그 주변에 각 실이 배치되어 있는데, 1층에는 개인실, 가족들의 공동실(가족의 단란, 가사노동 등을 위한 방), 부엌 등이 있으며, 전체적으로 평면 유형은 ㅁ자형이며, 2층의 평면형은 가족 수의 영향을 받고, 부모를 제외한 주로 성장한 자식들이 사용하는 공간이라고 했다. 따라서 2층의 평면형은 ㅡ, ㄴ, ㅁ형의 순으로 증축하는 경우가 일반적이라고 했다.

그리고 사녀가 혼인한 뒤에는, 남자들은 형제가 모두 부모와 함께 살며, 여자의 경우는 모두 배우자의 집에서 산다고 한다.

이 밖에도, 나는 취침, 식사, 취미와 오락, 가족의 행사 등의 생활 행위에 관하여 묻고 싶었지만 갑자기 잠깐 다녀오겠다며 일어서는 바람에 다음 기회로 미룰 수밖에 없었다.

가르다이아에 도착한 후 며칠이 지나자, 주변의 자연환경을 비롯하여 생활의 단면이나 습관 등에 관해 하나씩 보이기 시작했다.

예를 들면, 민박집의 경우 식사 메뉴에는 언제나 고기가 오르지 않았다든가, 시장에서 큰 소리를 내거나 다투는 모습은 어디에서도 볼 수 없었다든가, 우리들이 이곳에 도착한 이후로 지금까지 어린아이나 여자의 얼굴을 본 적이 없었다는 점 등을 들 수 있는데, 그중에서도 가장 부자연스럽다고 느낀 점은, 어디를 가나 남자들뿐이며, 아직 한 번도 여자의 얼굴을 본 적이 없었다는 점이다.

가르다이아에 도착한 첫날, 차 안에서 주빌을 기다리면서 차창 밖으로 오가는 사람들을 쳐다보고 있었을 때가 떠올랐다. 하얀 천으로 발끝에서 머리끝까지 포대를 덮어쓴 것 같은 모습으로 네댓 명이 꾸물꾸물거리며 차 옆을 지나갔었다. 사실 그때는 전신을 가리고 있어서 정체를 알 수 없었으며, 동작이 괴이하여 당황스러웠던 터라 생각할 겨를이 없었지만 나중에야 그들이 무슬림의 여자들일 거라고 혼자서 추측했을 뿐이었다.

일반적으로 이슬람 국가 여성의 의상은 히잡, 차도르, 니캅, 부르카 등의 네 가지 종류로 알려져 있다. 이중에서 전신을 가리는 것은 부르카(Burka)인데 얼굴의 눈 부분만큼은 망사로 되어 있어서 전방을 분간할 수 있도록 되어 있다. 하지만 이 마을에서는 그것마저 허용되지 않는 것 같았다.

그 여인들은 아무 무늬도 색깔도 없는 하얀 천으로 전신을 완전히 덮어쓰고 있었는데, 가만히 움직이지 않고 서 있으면 어느 쪽이 얼굴인지 알 수가 없겠다 싶었다. 하도 그 모습이 신기하여 집주인에게 물었더니 흰 천의 앞면에 손가락 하나 굵기의 구멍이 있고 거기에 조그만 대롱이 달려 있는데 한쪽 눈으로만 밖을 내다볼 수 있다고 했다. 슬리만의 표정에서도 대략 짐작을 할 수가 있었지만, 아무렇지도 않는 듯, 어쩌면 지극히 당연한 듯한 그의 말투에서 우리와는 너무나 다른 사회의 한 단면을 보는 것만 같았다. 만일, 우리들이 살고 있는 곳이 남자들밖에 보이지 않는 사회로 바뀐다면 어떤 분위기일까를 머릿속에서 상상해보았다.

쿠스쿠스

저녁 무렵이 되자 오늘따라 유난히 슬리만이 바쁘게 거실과 부엌을 들락거리며 무엇인가를 준비하는 것 같아 보였다.

새로운 손님들이 오는가 보다 하여 출입구 쪽을 바라보았는데 곧바로 세 사람이 거실로 들어왔다. 슬리만은 방금 들어온 사람들을 자리에 앉게 하고는 부엌으로 가는 것 같았다. 세 사람은 주변을 조금도 개의치 않고, 도무지 알아들을 수 없는 말을 주고받으며 매우 즐거운 듯 웃기도 했다.

조금 있자, 슬리만은 양 손에 뜨거운 쿠스쿠스 냄비를 조심스럽게 들고 거실로 들어와 그들이 앉은 탁자 한가운데 내려놓았다. 나는 쿠스쿠스 냄비를 보자 자리를 피해주려고 일어나려는데 슬리만이 우리들에게 같이 먹자며 연신 손짓하고 재촉하는 것이었다. 순간 나는 무척 당황스러웠다. 물론 여행지에서 현지인들과 함께 식사를 하는 일이란 여행의 즐거운 체험이겠지만, 하필이면 나는 쿠스쿠스 요리에 대한 좋지 않은 기억이 있어서 되도록이면 자리를 피하고 싶어서 어찌할 바를 몰라 주저하는 사이에, 송 교수가 먼저 덥석 그들과 합석을 하는 것이 아닌가. 상황이 이렇게 되자 나도 하는 수 없이 그들과 자리를 함께하게 되었다.

탁자 위에 놓인 쿠스쿠스 냄비를 보자, 나는 몇 해 전 기억이 떠올랐다. 모로코의 어느 시골을 여행하고 있을 때의 일이었다. 집주인은 동양에서 온 손님들을 극진하게 대접하느라 쿠스쿠스 요리를 우리들 앞에 내왔지만, 막상 뚜껑을 열자 그 비릿한 고기 냄새에 비위가 상해 결국 손도 대지 못하고 그대로 물린 적이 있었다. 그 일이 있은 이후로는 모로코 여행 내내 한 번도 쿠스쿠스 요리를 먹은 적이 없었다. 그래서 이번에도 그런 냄새가 또 나겠지 하고 아예 자리를 피하려고 했었는데 그만 주저앉고 만 것이었다.

할 수 없이 자리에 앉자 세 사람 중에 한 사람이 나에게 명함을 건넸다. 명함에는 가르다이아 지역문화재 보존협회장 브라힘이라고 새겨져 있었다.

나는 지역문화재 보존협회장이란 직함에 시선이 쏠렸다. 그리고 순간 내 머릿속을 스치며 지나가는 생각이 있었지만, 모두들 쿠스쿠스 냄비를 바라보다가 뚜껑을 열자 환호하며 즐거운 표정들이었다.

모두들 먹느라 정신이 없는데, 슬리만이 조그만 접시에 고기를 담아 먹어보라고 나에게 내밀었다. 하지만 나는 그것이 무슨 고기인지가 더 궁금했다. 옆에서 송 교수가, 낙타고기래요, 하고 말했다. 그리고 한마디 더, 여기서는 낙타고기가 제일 비싼 고기래요, 라고 말하는 것이었다.

나는 슬리만에게서 받은 접시를 앞에 두고, 혹시나 무슨 냄새라도 나나 싶은 마음에 가까이 다가갔다. 아무런 냄새도 나지 않았다. 한편으로는 호기심이 생겨 접시의 고기를 조금 떼어서 먹어보았다. 그 맛은 닭백숙과 흡사했다. 내가 그렇게 주춤거리고 있는 사이 냄비를 거의 비웠는지 사람들은 나와 송 교수에게 질문을 하기 시작했다.

첫 번째 질문은, 여기까지 무엇 하러 왔느냐는 것이었다.

이 사람들 입장에서는, 자기네들이 잘 알지도 못하는 동양의 한국이라는 나라에서 메마른 사막에 왜 왔을까 궁금하겠다는 생각이 들었다. 그래서 나는 송 교수와 나를 소개하고 난 다음, 순수한 무슬림의 주거문화를 이해하고 싶었다, 라고 말했다. 그리고 음자브 계곡의 집과 마을, 그리고 마을 사람들의 주거생활을 직접 보고 싶어서 왔다고 대답했다.

문화재 보존협회장 브라힘은 조금도 틈을 두지 않고, 타인이 이곳 무슬림이 살고 있는 주택의 내부를 보는 일은 이슬람의 계율과 관습에 따라 불가능한 일이라고 딱 잘라 말하는 것이었다.

나는 비슷한 말을 이미 들은 적이 있었던 터라, 놀라지는 않았다. 그러나 브라힘의 힘을 빌리는 게 유일한 방법이라고 생각하고 있던 나는, 그에게 다시 이렇게 말했다. 단순히 관광객의 기분으로 말하고 있는 것이 아니라, 건축을 전공하는 사람의 입장에서, 음자브 계곡에서 천 년이 넘는 긴 시간 동안 역사와 전통을 이어온 주거문화를 무슬림도 아닌 이방인이 단시간에 이해한다는 것은 불가능하겠지만, 그나마 내부 공간의 실태를 직접 볼 수가 있다면, 주거생활을 상당 부분 이해하는 데 큰 도움이 될 것으로 생각된다, 고 말하면서 도움이 되어주기를 부탁했다. 그는 더 이상 아무 말도 하지 않았다.

이젠 포기하고 알제로 돌아가야 하나, 하는 생각에 씁쓸한 기분이 들었다. 내일은 이왕 여기까지 왔으니 사하라 사막이나 제대로 구경해야겠다는 생각을 하면서 또 하루를 보냈다.

무슬림의 전통 주거공간

다음 날 아침, 사하라 사막 구경을 의논하러 거실로 나가려는데 슬리만이 웃으며 송 교수와 얘기를 하고 있었다. 송 교수가 나를 보자, 오늘 가르다이아 성 안에 있는 전통주택의 내부를 구경시켜주겠다고 합니다, 라고 말하는 것이었다.

순간 정말? 하는 말이 저절로 튀어나왔다.

이야기인즉, 어제 만났던 브라힘이 돌아가면서, 주택을 볼 수 있게 해줄 터이니 오라고 말했다는 것이다. 드디어 오늘 전통주택의 내부를 보게 되는구나, 하는 생각에 마음은 한없이 들떴다. 거의 체념해야 하는 지경이었는데 오늘 아침에 갑자기 반가운 소식을 전해 듣고 나는 곧바로 카메라와 메모지 등을 챙겨 밖으로 나왔다. 한참 후, 마음이 진정되자 그의 사려 깊은 배려가 진심으로 고마워졌다.

브라힘은 가르다이아 마을의 광장에서 주거지역으로 들어가는 길 모서리에서 꽤나 큰 카펫 상점을 운영하고 있었다. 그는 이미 우리들의 도착을 예상하였는지 상점 바깥에 나와서 기다리고 있었다.

브라힘과 함께 우리는 마을 안으로 들어갔다. 두 번째 성문, 즉 주거지역으로 들어가는 문 입구에는 아랍어와 프랑스어로 된 표지판이 붙어 있었다. '세계자연 문화유산 보호협약에 따라 음자브 계곡은 1982년 세계문화유산에 등록되었다. 이는 모든 인류를 위하여 보호되어야 할 가치가 있음을 의미한다'라고 적혀 있었다. 이틀 전, 가이드의 안내로 성안의 골목길은 이미 다녔던 터라 낯설지 않았다.

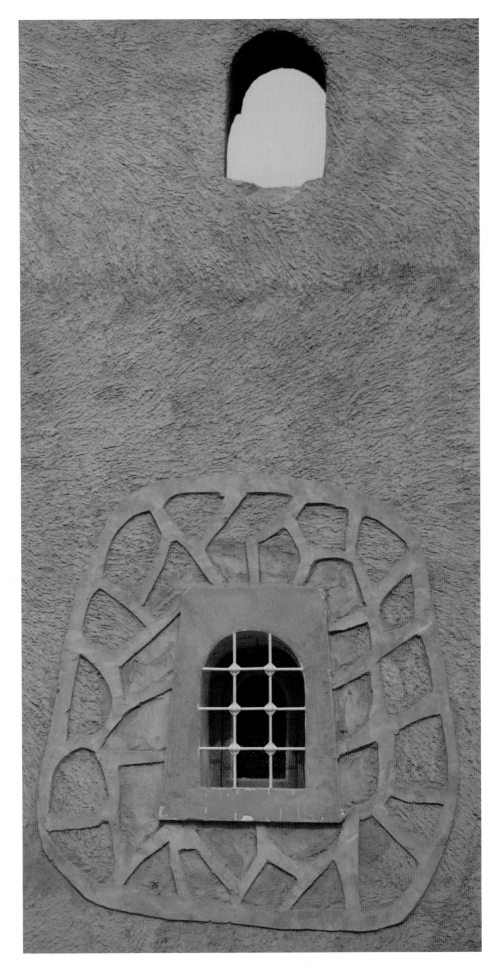

브라힘은 앞만 쳐다보며 곧바로 완만하게 경사진 길을 올라가더니 짙은 하늘색 페인트칠을 한 나지막한 출입문 앞에 멈추어 섰다. 그리고 그는 우리들에게 현재 그의 어머니가 살고 있는 집이라고 말해주었다.

　　출입문에는 손가락 하나가 들어갈 만한 구멍이 두 개 있었는데, 하나는 열쇠를 사용하는 곳이며, 다른 한곳은 가족들만이 문을 열고 잠글 수 있는 비밀장치가 되어 있다고 한다. 문은 집 안쪽으로 열리고 폭은 비교적 넓지만, 높이는 어깨 높이 정도로 출입 시 허리를 굽혀야 될 정도다.

　　그런데 특이한 점은, 출입문을 열고 안으로 들어가면 암실처럼 캄캄하여 아무것도 보이지 않는데 더구나 바깥이 밝을 때는 더욱 앞을 분간할 수가 없게 된다는 사실이다. 말하자면, 문 바깥에서 문 안쪽으로는 아무것도 볼 수가 없는 것이다. 대개 무슬림의 집은 집 안에 여자가 있기 때문에 바깥의 외부인에게 대문 안쪽이 보이지 않도록 문의 구조에 특별히 신경을 쓴다. 문 안으로 들어온 우리들은 브라힘이 오른쪽으로 꺾어진 벽에서 두 쪽 미서기문을 열 때까지 아무것도 보이지 않는 캄캄한 곳에 그냥 서 있을 수밖에 없었다.

　　잠깐 사이, 브라힘은 매우 익숙하게 어둠 속에서도 출입문 옆의 미서기문을 활짝 열었다.

　　문이 열리는 순간 ― 나는 지금도 그때의 놀라움과 충격을 잊을 수가 없다 ― 나타난, 여태까지 한 번도 본 적이 없는 놀랍고 신비로운 광경은 하늘에서 쏟아지는 듯 내려오는 빛 때문이었으며, 그것은 흡사 빛의 기둥처럼 보였다. 마치 동굴 속에서, 하늘에서 쏟아지는 빛을 쳐다보고 있는 것 같은 착각이 들 정도였다.

　　나는, 와! 하고 탄성을 지르며 그대로 꼼짝하지 않고 바라보고만 있었다. 그리고 얼마가 지나자, 눈이 점차 명암에 적응하면서 집 안의 모습이 눈에 들어왔다.

　　실내는 언뜻 보아도 ㅁ자형으로 된 평면 형태인 것 같았다. ㅁ자형의 한가운데에 대략 사방 2~3미터 정도 되는 빈 공간이 있으며, 그곳의 상부에는 가로 세로 각각

1.2미터, 1미터 정도로 천장이 뚫려 있었다. 그리고 한가운데 빈 공간의 둘레에 여러 개의 조그만 방들이 있으며, 길에 면한 벽의 모서리 부근에 화장실, 바닥에서 세면이나 빨래를 할 수 있을 만큼의 공간이 있고, 벽에는 수도꼭지가 달려 있었다. 아마 엊그제 보았던 공동우물터에서 배관을 통해 지하수가 공급되고 있는 것 같았다. 그리고 모서리에는 취사용 도구를 얹어놓은 선반과 접이식 의자 하나가 보였다.

집 안 한가운데 빈 공간의 상부로부터 들어오는 빛이 마침 정오에 가까운 시각이었던 탓으로 집 안의 한가운데를 수직으로 비추고 있었는데, 그 빛이 너무나 강렬하고 밝았다. 천장에 뚫린 개구부는 집 안의 환기나 채광을 위한 중요한 역할을 하는 곳이기도 하지만, 밝을 때는 햇빛이 쏟아지고, 또 저녁이 되면 별빛이 쏟아지며, 집 안의 시선이 외부로 통하는 유일한 곳이기도 하였다.

출입구에서 불과 몇 걸음도 옮기지 않았는데, 바깥과 완전히 차단된 공간적 연출의 주역은 바로 빛 때문이었다.

한가운데의 빈 공간 — 중정을 둘러싸고 있는 각 실들의 용도를 브라힘에게 물어보았다. 가사실 겸 가족들의 단란실, 손님방, 주인방, 어린이방, 부엌 등은 모두 중정을 바라보며 배치되어 있고, 실과 실 간의 연결은 모두 중정을 통하게 되어 있어서, 어떻게 보면 우리나라의 전통한옥이나 민가와 유사하였다.

그 밖에, 각 실에는 문이 없고 대신 두꺼운 천으로 가려져 있었다. 현재 노모 혼자 생활하고 있는 집이란 점을 감안하면 이해가 되지만, 아마도 가족이 함께 살고 있는 집이라면 개인실과 공용실 간의 프라이버시에 관한 의식은 달라질 수도 있을 것이다. 그러나 또 다른 사례를 보지 않고서야 단정지을 수는 없었다.

브라힘의 설명으로는, 이 집은 그의 할머니가 결혼하면서 처음 지은 집이며, 당시는 단층으로 지었는데 식구가 늘어나면서 2층으로 증축하였다고 한다. 일반적으로 1층에는 부부와 어린 자녀가 살고, 2층은 성장한 자녀나 결혼한 자녀 부부의 공간으로 구분된다고 했다.

한편, 주택의 설비에 관한 면을 살펴보면, 전기는 사용하고 있지 않으며, 조명용으로 석유램프가 유일하다. 물은 앞에서도 언급하였던 것처럼 공동 지하수를 배관을 통해 공급받고 있다. 난방에는 얼마 전까지 화목을 사용하였는지 화덕이 벽 구석에 그대로 남아 있었는데, 지금은 석유 난방기기를 사용하고 있다고 했다.

마지막으로, 이 집에는 유난히 실내 가구류가 눈에 띄지 않거나, 있어도 볼품이 없어 보였다. 이 점에는 종교적인 이유가 있는데, 최소한으로 필요한 가구 외에는 소유를 억제하거나 터부시한다는 것이다. 가구를 소유하면 마음속에서 욕심이 생겨난다고 브라힘은 말했다. 그래서 그런지 모르지만, 접이식 간이탁자, 철재 간이의자, 조그만 목재 탁자 하나, 그리고 가사실에 놓인, 얼마나 오래된 것인지 모를 수납장이 가구의 전부였다. 그 외의 생활에 필요한 물건들은 선반 대신 사용하는 두꺼운 벽면의 요철 위에 놓여 있었다. 요즘 누구나 흔하게 사용하는 TV나 가전은 전연 보이지 않았다.

참고로 현재의 주거 면적은 대략 1, 2층 각각 12평, 6평 정도라고 했다.

지금 브라힘이 있을 동안에 가족들의 주거생활에 관해, 즉 접객이 취침, 그리고 취사 등에 관하여 좀 더 얘기하고 싶었지만, 오늘은 더 이상 지체할 수가 없어 다음 기회에 물어보기로 했다.

광장으로 내려가는 도중에 브라힘은, 증축은 가족의 성장에 따라 자녀의 결혼을 계기로 자주 일어나는데, 2층을 증축하는 경우, 그 행위를 단순히 당사자의 개인적인 문제로서 방관할 수는 없는 문제인 만큼, 주민들은 스스로 규칙을 정하고, 그것을 지키기 위하여 주택의 높이를 7.5미터 이하로 제한하였다고 말해주었다.

다시 기도 시간이 다가오는지 사람들의 발걸음이 빨라진다고 느꼈는데, 어느 순간에 광장은 텅 비어 있고, 모든 상점은 철시한 후여서 송 교수와 나는 브라힘의 상점에서 기도 시간이 끝나기를 기다릴 수밖에 없었다.

나는 민박집으로 돌아와서도 오늘 보았던 집에 관한 생각뿐이었다. 무엇보다도 강하게 자극을 받은 것은 중정의 빛이었다.

유일하게 빛이 들어오는 곳은, 그리고 유일하게 시선이 바깥으로 열리는 곳은,

그곳은 바로 하늘이었다. 사람들이 그곳을 중심으로 둘러앉아 종교적 가르침에 따라 사치와 탐욕을 멀리하고 오로지 신을 믿고 기도하며 살아온 천년의 세월이 마치 보이는 것만 같았다. 그리고 공간은 사람들의 의지를 한 곳으로 모아, 벽과 벽을 쌓으며 결코 타인으로부터 간섭받기를 거부한 채, 철저히 자기만의 세계를 만들었다는 생각이 들었다. 또한 그들은 지금도 그들의 역사와 전통, 관습을 지켜가며 살아가고 있다는 사실이 나로 하여금 다시 한번, 무엇인가를 생각하게 하였다.

무척 긴 하루였다.

사하라 사막

오늘은 마음 편하게 먹고 쉬어야겠다고 생각했는데, 어제 사하라 사막을 구경하자고 얘기하려던 게 생각났다. 주빌과 송 교수에게 의논했더니 좋다고 했다. 그래서 우리는 곧바로 집에서 나와, 맨 첫날 알제에서 달려왔던 1번 국도를 타기 위해 계곡 위로 올라갔다.

이곳에 온 이후로 하루도 빠짐없이 계속되는, 구름 한 점 없는 푸른 하늘과 사막의 열기를 보고 느끼면서 남쪽을 향해 달렸다.

얼마 가지 않아 길 주변에 신축 중인 건물이나 2층짜리 아파트 건설 현장이 보였다. 가르다이아 주변 인구가 급속히 늘어나고 있구나 하면서 쳐다보았는데 이번에는 공항 표지판이 보이더니 길 옆으로 쭉 뻗은 활주로가 보였다.

그리고 나서 얼마를 더 달리자 주위는 그야말로 모래와 하늘뿐, 끝이 없는 모래뿐인 사막이었다. 떠날 때 대략 200킬로미터를 더 들어가야 한다고 슬리만이 말했는데 지금 어느 정도 왔는지 알 수는 없었다.

일단 쉬다 가기로 하고 차를 세웠다. 차에서 내리자 차 안에 있을 때는 몰랐지만, 하늘은 온통 구름으로 덮여 있었고, 꽤나 심하게 바람이 불고 있었다. 더구나 한기가 느껴지는데 아무래도 심상치 않은 것 같았다.

그런데 발아래를 내려다보았더니 모래가 심하게 바람에 날려가고 있었다. 나는 그래도 그런가 보다 하며 대수롭지 않은 듯 바라보고만 있었는데, 모래언덕 위에

앉아 있던 주빌이 빨리 차에 타라며 차가 있는 곳으로 뛰어가는 것이었다.

그는 더 늦기 전에 빨리 돌아가야 한다고 말하면서 조금 더 있으면 길이 사라진다고 말했다. 그 말이 황당하게 들렸지만 우리가 타고 온 자동차 타이어에 날려온 모래가 쌓이기 시작하는 것을 보고는 급히 왔던 길로 차를 돌렸다. 거의 가르다이아에 도착할 때쯤, 거짓말처럼 하늘은 언제나처럼 맑고 푸르게 돌아와 있었다.

돌아오는 길에 여기저기 한창 새로 짓고 있는 주택단지를 둘러보면서 생각했다. 가르다이아의 자연환경과 유리한 지리적 조건은 주변에서 일어나고 있는 유전의 개발에 자극되어 필연적으로 인구의 증가를 초래함으로써 거센 변화의 바람을 맞게 될 것 같았다. 길에서 보았던 것처럼 무질서한 시가지의 확장은, 더욱이 사회적 인프라가 마련되지 않은 상태에서 돌이킬 수 없는 재해를 부르게 된다는 것을 깊이 인식하여 그것에 대한 대비를 서둘러야 할 것만 같았다.

사막 곳곳에 쌓여 있는 쓰레기를 보면서 언제인가는 찾아오게 될 변화의 흐름 속에서 보존과 개발의 갈등이 곧 현실적으로 나타날 날이 그렇게 멀지 않아 보였다. 그때가 되면, 앞을 자유롭게 볼 수 없는 여인들, 그리고 부르카도 사라지게 되는 날이 올지도 모르겠다.

이제 내일은 떠난다고 생각하자 갑자기 보고 싶은 얼굴들이 떠오른다.

침대에 눕자 온몸이 사르르 가라앉는 듯, 그리고 민박집에서 보낸 나날들이 선명하게 떠오른다.

이곳에 머무르며 보낸 날이 그렇게 짧지도 않는데, 내가 살아왔던 곳과는 너무나 달랐다.

귀국을 앞두고

다시, 알제로 돌아가는 날이었다. 돌아가는 길은 올 때보다 더 멀고 피곤했다.

도중에 주유소에 들렀다. 휘발유 값이 물 값보다 싸다는 사실을 처음으로 실감하였다. 알제리는 북아프리카 여러 나라 중에서 유일한 산유국이다. 프랑스가 120년간 알제리를 지배하였지만 알제리가 산유국이 되리라고는 예상하지 못했는지 못내 아쉽게 생각한다는 얘기를 들은 적이 있었다.

다음 날 아침, 귀국을 앞두고 있었던 터라, 송 교수와 나는 남은 시간 알제의 카스파와 시내 중심가, 그리고 가능하면 주택가를 돌아보고 싶었다.

일단, 카스파(1962년 유네스코 세계문화유산으로 등록)에 가기로 하고 호텔을 나섰다. 지나가는 택시를 잡아 카스파라고 말하자, 그는 뒤돌아보지도 않고, 해안도로를 한참 달려서 해변의 높은 언덕 위에 차를 세웠다.

뜨거운 아프리카의 태양과 사하라의 건조한 바람으로 인하여 일 년 내내 온화한 기후인 수도 알제에서, 이곳은 지중해를 정면으로 바라보며 언덕 위에 시가지가 형성된 아름다운 곳이었다. 차에서 내리자 지중해의 시원한 바람이 불어왔다.

겨울철인데도 불구하고 눈부시게 반짝거리는 바다, 지중해가 끝없이 펼쳐지고, 그리고 언덕 위 하얀 집들이 서로 다투듯 푸른 바다를 바라보고 서 있는 카스파의 전경이 보인다. 이곳은 원래 지중해 무역으로 번영한 고대 페니키아인들이 세운 조그만 항구였다고 한다. 바다가 내려다보이는 높은 언덕에 마을이 생기기 시작한 것은 10세기경부터였다고 하는데, 본격적으로 마을이 형성되기 시작한 것은 16세기 이후부터라고 한다.

붉은 수염으로 알려진 해적 하이르 앗 딘이 나타나면서 오스만 제국의 힘을 배경으로 알제를 근거지로 삼고 세력을 확대하였다. 해적들이 외적의 침공을 방어하기 위하여 건물과 건물 사이를 미로처럼 골목과 계단으로 빈틈없이 이어지도록 하여 마을 전체를 하나로 묶어놓은 듯 만들어놓은 주거지 — 이곳을 카스파라고 한다. 1830년 프랑스가 알제리를 점령하여 지배함으로써 북아프리카의 파리로 개조하기 위하여 카스파를 파괴하였는데, 지금 남아 있는 지역은 그나마 당시의 파괴를 면한 지역으로서 역사적으로 중요한 건축물들이 모여 있는 곳이기도 하다.

카스파 옆으로 육중하게 버티고 선 관공서 건물들, 아케이드로 이어져 있는 가로변에 높은 건물들과 상가 등이 즐비하게 늘어서 있는 이곳은 현재 알제의 중심지이다. 간선도로를 따라 늘어선 건물들은 일제히 지중해를 향해 바라보고 있는 듯 서 있었는데, 그 모습이 나에게는 마치 누구를 애타게 기다리고 있는 듯이 보였다.

또한, 절벽 아래 해안선 가까이에는 철도역과 여객선 및 화물선 터미널이 자리 잡았고, 항구에는 프랑스나 스페인에서 오는 페리나 화물선들이 정박하고 있으며, 그 바로 앞에는 중앙역, 시청사, 은행, 극장 건물들이 줄을 서고 있다. 항구 주변에는 마치 프랑스 남부의 어느 항구처럼 이국적인 풍취가 흐른다.

중앙역 북쪽의 마르칠 광장에는 구두나 가방, 식기 등을 팔고 있는 노점상들과 카페에서 커피를 마시고 있는 남자들이 보인다. 이곳은 먼 옛날, 프랑스 식민지 시대의 풍경이 그대로 남아 있는 듯 독특한 분위기를 자아낸다.

송 교수와 나는 잠시 모든 것을 잊은 채, 지중해를 바라보고 있었다. 오랜만에 맛보는 여행의 자유로움과 일상을 떠난 해방감이 밀려오는 듯했다. 우리는 서로 아무 말도 하지 않았다.

어제 아침, 집 앞에서 차가 모퉁이를 돌아 보이지 않을 때까지 손을 흔들며 서 있던 슬리만의 미소 띤 얼굴이 머릿속에 떠오른다. 그리고 음자브 계곡의 마을도 다시 생각난다. 언제 다시 가볼 수 있을까 하는 미련이 벌써 향수처럼 스며든다.

그렇게 잡념에 사로잡힌 채 시원한 지중해로부터 불어오는 바람을 맞으며 서 있었는데, 왠지 오늘 아침 호텔을 나서면서 막연히 느꼈던 불안이 되살아나는 듯하여, 나는 무심코 주위를 살펴보았다. 역시 송 교수도 주변의 이상한 기운을 느꼈는지, 분위기가 이상해요, 라고 나에게 말했다. 그때는 이미 지나가는 행인들 사이로 우리들을 똑바로 쳐다보며 빠른 걸음걸이로 다가오는 몇몇의 젊은이들이 보였다. 분명 그들의 발걸음은 우리들을 향하고 있다고 느낀 순간, 나는 송 교수에게, 빨리 피해야 해! 하면서 중심가에서 가장 사람들이 많이 보이는 곳으로 무조건 뛰었다.

그런데 그때 내 눈에 낯익은 표지판이 보였다. 표지판에는 경찰 마크 아래 영어로 폴리스라고 쓰여 있었다. 나는 뒤도 돌아보지 않고 곧바로 그 표지판이 걸려 있는 건물 안으로 들어갔다. 입구에 앉아 있던 정복을 입은 경찰이 갑자기 나타난 우리들을 놀라서 쳐다봤다.

우리는 곧바로 경찰관 앞으로 다가가서 가지고 있던 여권을 제시하고 사정을 설명했다. 설명이 끝나자 경찰관은 우리들의 여권을 가지고 사무실 안으로 들어가면서 앉아서 기다리라고 했다.

잠시 후 여권을 되돌려받았는데, 이어서 허리에 권총을 찬 청바지 차림의 사복경찰관이 둘 나타났다. 둘 다 짙은 눈썹과 까만 눈동자에, 몹시 민첩해 보이는 체격이 마치 영화의 주인공들처럼 보였다. 그들은 우리들에게 뒤에서 떨어지지 말라는 말을 남기고 곧바로 앞장서서 카스파를 향해 걸어갔다.

상황이 이렇게 달라지자 나는 조금은 어색했지만, 한편으론 경찰의 호위를 받으며 관광을 하다니 진심으로 그들의 배려가 고마웠다.

카스파의 내부는 슬럼화가 심각하여 도시의 우범지대로 변해가고 있는 상황이었

다. 두 경찰관은 카스파의 내부를 손바닥처럼 알고 있는 듯이 좁은 골목, 계단, 분간할 수 없는 어두운 길을 능숙하게 이곳저곳 누비며 다녔다.

집 안이나 골목에서 시선이 마주치는 사람들도 두 사람의 정체를 알고 있는지 괘념치 않거나 창을 닫으며 피하려는 눈치였다.

카스파의 내부는 밖에서 볼 때와는 전연 다르게, 거의 하늘이 보이지 않을 정도로 무질서한 증·개축이 안 그래도 미로와 같은 골목길의 통행을 어렵게 하고 있었고, 대낮인데노 어두워 살 보이지 않을 뿐만 아니라 오물과 쓰레기의 악취로 다니기 여간 위험하지 않았다.

또한, 전깃줄은 거미줄처럼 얽혀 위험천만한 상태로 방치되어 있고, 햇빛이 드는 곳마다 빨래를 널어놓아 하늘이 보이지 않을 정도였다. 주택은 심하게 변형되어 도저히 원래 모습을 찾아보기 어려울 것 같았다.

이렇게 열악한 환경인데도 주민들이 이용하는 함맘, 골동품 가게가 골목을 사이에 두고 영업을 하고 있었으며, 매우 오래된 작은 모스크가 있었다. 모스크 옆에는 겨우 한 사람이 서서 손발을 씻을 수 있는 조그만 웅덩이가 있었다. 기도 시간이 가까워 오는지 어떤 노인이 정성스레 몸을 닦고 있었다.

우리들이 무사히 잘 따라오고 있는지 가끔 뒤를 돌아보던 경관이, 더 보고 싶으냐고 물었다. 충분하다고 간단히 대답하고는 입구 부근으로 되돌아와서 그들과 헤어졌다. 업무 시간에 다른 일로도 무척 바쁜 사람들일 텐데 고맙고, 죄송하다는 생각이 들었다. 때맞추어서 예배시간을 알리는 아잔이 울려 퍼지는 소리가 들려오고 남자들이 빠른 걸음으로 방금 지나온 모스크 쪽으로 걸어가고 있었다.

알제를 떠나며

드디어 오늘은 알제를 떠나는 날이다.

서울에서 출발할 때 기대 반, 불안 반이었던 내가 기억난다. 그리고 내가 올해 관광비자를 처음 신청한 사람이라던 알제리 대사관 직원의 말이 생각난다. 여러 가지 우여곡절이 있었지만, 그래도 무사히 여행을 마치게 된 것은 주빌, 슬리만, 브라힘 등 이 낯선 곳에서 만난 사람들 덕분임은 두말할 필요가 없다. 막상 떠난다는 생각을 하니 역시 그들의 얼굴이 함께 떠오른다.

책방에서 발견한 사진 한 장 속에 담겨 있었던 한 마을, 그 형태가 계기가 된 여행을 통해 결국 그 속에서 살아가는 사람들의 모습을 보았다. 그 시간은 너무나 짧았고 그들과 직접 대화를 나눌 수는 없었지만, 그래도 잠깐이나마 그들의 삶에 다가가 조금이나마 그들의 생활상을 느낄 수 있었다. 그 시간은 이슬람 문화에 문외한이었던 나 자신에게 여행의 가장 큰 보람이 되었다.

너무나 빠르게 달라지는 생활환경과 변화하는 일상 속에서, 그 변화를 쫓아가는 일이란 누구에게나 힘든 일이겠지만, 더군다나 의욕마저 잃어버리게 하는 도시 생활을 생각하면, 음자브 계곡, 그곳은 시간이 멈춘 곳이었다.

그리고 역시 그곳은 신이 살고 있는 마을이었다.

음자브 계곡의 야자수 숲, 가르다이아 마을의 전경, 하늘에서 내려오는 빛의 기둥, 아무것도 보이지 않던 살벌한 골목길 들이 차례차례 단편영화같이 눈앞을 스치며 선명하게 떠오른다.

여행을 마치며

  긴 여정이 끝난 지금도 머물고 지나쳤던 풍경이 머릿속을 스친다. 참담한 자연에 적응하려는 끈질긴 인간의 의지와 삶, 그 단면을 보았다. 또한, 이곳이 아프리카라고는 믿겨지지 않는 번화한 도시의 한복판에 높은 담을 쌓고 천 년을 살아가는 메디나의 사람들, 그리고 카스바의 사람들을 보았다.

  그들이 살고 있는 전통 민가는, 사막과 산악지대 그리고 도시 등 그 장소는 달라도, 그 한가운데에 서면 푸른 하늘이 보이고 햇빛이 쏟아지고 있었다. 한가운데의 중정을 중심으로 주변에는 각 실들이 배치되어 전체적으로 ㅁ자 형태를 이루고 있다. 이 같은 전통 주거의 구성 기법은, 대부분 중정이 주거생활의 중심으로 기능하는 반면, 외부에 대해서는 지극히 폐쇄적으로 작용한다. 이와 같은 주거형은 비단 마그레브 지역뿐만 아니라 이슬람 문화권의 공통적인 유형으로 보인다.

  흡사 우리들의 안마당과도 유사한 중정은, 신분이나 빈부의 차가 여실히 나타나는데, 화려한 문양의 세라믹으로 아랍식의 분위기를 연출하거나, 흙과 돌만의 소박한 경우까지 다양하지만, 기본적으로 마그레브 지역, 전통주거의 상징이었다.

  한편, 식민지 시대를 거치는 동안 서구문화의 유입으로 유럽의 어느 도시를 모방한

듯 현대적 시가지가 건설되었다. 나아가서 독립을 계기로 시작된 근대화=유럽화를 향한 정치 사회적 흐름은 빠르게 사람들의 일상생활에 스며들고 있는 것 같아 보였다.

도시의 메디나(전통주거군)에서 일어나는 무분별한 증·개축으로 이미 원래의 모습을 잃어가고, 아파트라고 하는 새로운 주거양식이 점차 도시의 경관을 바꾸어가고, 부유한 계층의 유럽식 단독주택들이 일제히 지중해를 바라보고 서 있었다.

비록 지방과 농촌은 겉으로는 옛날과 다름없이 보일지도 모르지만, 주택설비의 발전, 가전제품의 보급, 인터넷 등 바깥으로부터 불어오는 변화의 물결을 언제까지 외면하고 있을 수만은 없을 것 같았다.

이 글을 쓰는 순간에도, 뜨거운 태양과 사막의 열기를 피해 지하로 파고든 사람들의 마을이 떠오른다. 사원의 미나레트에서 아잔의 소리가 들려오는 것 같다.

그들에게 언제쯤 주거 근대화의 바람이 불어올지 기다려진다.

마그레브의 색과 빛

인쇄 · 2019년 11월 20일
발행 · 2019년 11월 30일

지은이 · 박용환
펴낸이 · 한봉숙
펴낸곳 · 푸른사상사

편집 · 지순이 | 교정 · 김수란
등록 · 1999년 7월 8일 제2−2876호
주소 · 경기도 파주시 회동길 337−16 푸른사상사
대표전화 · 031) 955−9111(2) | 팩시밀리 · 031) 955−9114
이메일 · prun21c@hanmail.net
홈페이지 · http://www.prun21c.com

ⓒ 박용환, 2019

ISBN 979−11−308−1479−7 03930
값 29,000원

이 도서의 국립중앙도서관 출판예정도서목록(CIP)은
서지정보유통지원시스템 홈페이지(http://seoji.nl.go.kr)와
국가자료종합목록 구축시스템(http://kolis−net.nl.go.kr)에서
이용하실 수 있습니다. (CIP제어번호 : CIP2019045812)